BASTEI
LÜBBE

Von Willy Loderhose sind außerdem bei BASTEI-LÜBBE lieferbar:

Willy Loderhose

Whoopi Goldberg

Eine himmlische Karriere

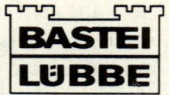

BASTEI
LÜBBE

BASTEI-LÜBBE-TASCHENBUCH
Band 61316

Erstveröffentlichung
©1994 by Gustav Lübbe Verlag GmbH,
Bergisch Gladbach
Printed in Germany, November 1994
Einbandgestaltung: K.K.K.
Titelfoto: ALPHA, London, GOSSIP 298
Satz: Fotosatz Böhm GmbH, Köln
Druck und Bindung: Ebner Ulm
ISBN 3-404-61316-3

INHALT

Ihr Geheimnis:
»Sie ist eine
Philosophin,
eine Heilige«

Sie ist die erfolgreichste Schauspielerin des zeit-
genössischen amerikanischen Kinos. Sie ist als All-
roundtalend sowohl künstlerisch als auch kommer-
ziell unumstritten – seit Jahren wird sie von der
strengen Filmkritik wie vom zahlenden Kinopubli-
kum gleichermaßen geliebt.

Ihre US-Karriere begann Whoopi Goldberg mit
der Show *Direct From Broadway*, international kam
sie mit Spielbergs Romanze *Die Farbe Lila* groß heraus – für ihr Kinodebüt erhielt sie sogar eine Oscar-
Nominierung. Es gibt viele Leute, die hielten Jerry
Zuckers Film *Ghost – Nachricht von Sam* mit Patrick
Swayze und Demi Moore in den Hauptrollen für
eine schreckliche Schnulze. Whoopi Goldbergs Darstellung der exaltierten Wahrsagerin Oda Mae
Brown jedoch versöhnte selbst diese Leute mit dem
Rest des Films. Und jetzt wurde sie tatsächlich mit
dem Oscar ausgezeichnet, übrigens dem ersten für
eine schwarze Schauspielerin, seit Hattie Mc Daniel
1939 für ihre Rolle in *Vom Winde verweht* geehrt
wurde.

In Deutschland sieht es oft so aus, als wäre Whoopi »nur« ein Filmstar – sie ist jedoch viel mehr. Als Fernsehschauspielerin trat sie in den USA in vielen Serien und TV-Filmen auf, moderierte unzählige Talkshows und schrieb schließlich mit ihren Kollegen Billy Chrystal und Robin Williams Fernsehgeschichte – *Comic Relief* ist eine in den USA längst zur Institution gewordene Wohltätigkeitsshow, in der sich Superstars zugunsten der Obdachlosen einsetzen. Die Whoopi Goldberg, die wir in Deutschland aus ihren Filmen kennen, ist ungleich facettenreicher und talentierter als manche dieser Streifen ahnen lassen. Als unermüdliche Kämpferin gegen Rassismus, Umweltsünden und Heimatlosigkeit setzt sie ihre Talende zu wohltätigen Zwecken ein, wo immer und sooft sie kann. Zum Beispiel war sie Gastgeberin des »Freedom Fest: Nelson Mandela's 70th Birthday«.

Die augenzwinkernde Nonnenkomödie *Sister Act* wurde zum erfolgreichsten Film für eine weibliche Komödiantin in der Filmgeschichte.

Und während Meryl Streep und Julia Roberts sich in Hollywood darüber beklagten, daß männliche Filmstars viel besser bezahlt werden als weibliche, stellte Whoopi Bedingungen – und bekam sie erfüllt: Mit acht Millionen Dollar Gage für *Sister Act II* (plus prozentuale Beteiligung) stach sie die bisherige Rekordhalterin Sigourney Weaver (fünf Mio. für *Alien III)* locker aus.

Fuchsteufelswild kann sie werden, wenn sie als

Hollywoods Alibi-Schwarze bezeichnet wird, als schlechtes Gewissen der zumeist weißen Filmproduzenten und später ihrer Zuschauer. Auf eine Reporterfrage, die sich auf Whoopi als »schwarze Darstellerin« bezog, antwortete sie einmal sauer: »Ich bin eine Schauspielerin, keine schwarze Schauspielerin. Weiße Darstellerinnen werden auch nicht gefragt, was es heißt, weiß zu sein in Hollywood.«

Für Whoopi zählten zu jeder Zeit nur die Menschen und nie Äußerlichkeiten – sie setzt sich für Menschen schwarzer Hautfarbe ebenso ein wie für Weiße, Gelbe, Rote, AIDS-Kranke, Obdachlose. Von radikalen Schwarzenführern in den USA, speziell vom schwarzen Filmregisseur Spike Lee bezog sie immer wieder Prügel, weil sie ihre Popularität nicht speziell und vor allem für die Afro-Amerikaner einsetzt. Der Konflikt spitzte sich auf den Filmfestspielen in Cannes öffentlich zu, als Whoopi in der Jury saß und einen »weißen« Film Lees *Jungle Fever* vorzog. »Ich fand den Film einfach nicht gut. Ich darf doch diesen Film nicht gut finden – es reicht nicht, einen Film zu unterstützen, nur weil er ›schwarz‹ ist.« Lee fauchte in Arsenio Halls Talkshow zurück und wurde persönlich. Er nannte sie eine schwarze Frau im Ausverkauf und beklagte sich über ihre weiße Einstellung und ihre Frisur, die nur dokumentiere, wie die Weißen sich eine lustige Schwarze vorstellten. Whoopi konterte ebenso öffentlich, indem sie Spike Lee fragte, wie viele Frauen in seinen Filmen so wie sie aussähen – ein

Stich, der saß, denn auch Spike Lees Frauenbild ist unter schwarzen Amerikanerinnen sehr umstritten. Aber abschließend: »Es war eine traurige Angelegenheit. Ich hab' mir in dieser Jury den Arsch aufgerissen, daß Samuel Jackson einen Darstellerpreis für *Jungle Fever* kriegt. Manchmal kapiert Spike einfach nicht, daß er die attackiert, die genau wie er durch die Tundra hetzen.«

Whoopi Goldberg hat Charme und strahlt Lebensfreude und Spaß aus – aber nach landläufiger Meinung ist sie eher das Gegenteil von hübsch und das kommentiert sie kokett: »Als sie meine Weisheitszähne zogen, fingen die anderen Zähne an zu wandern«, erinnert sie sich und zeigt jedermann ungeniert, daß sie auch heute noch eine Zahnspange trägt. Nichts deutete darauf hin, daß aus diesem häßlichen schwarzen Entlein jemals ein Medienereignis werden würde – und dennoch, das Geheimnis ihres heutigen Erfolges liegt zweifellos in ihrer ungewöhnlichen Biographie – nicht einmal den Namen Whoopi Goldberg hatte sie von Geburt an:

Im Jahre 1949 wurde Caryn Johnson in Manhatten geboren und wuchs im eher düsteren Stadtviertel Chelsea in einer Siedlung für Sozialhilfeempfänger auf. Ihre Mutter, eine Krankenschwester und Abendschullehrerin, zog Caryn und deren Schwester allein auf – schon früh hatte der Vater die Familie verlassen. Sie war eine starke Frau (Whoopi: »Sie ist es heute noch.«), der es aber dennoch nicht gelang, ihrer zweiten Tochter die Schule oder eine sogenannte anständige Ausbildung schmackhaft zu machen. Mutter Johnson gab sich alle Mühe, doch Caryn flüchtete sich sehr früh in Phantasiewelten, in denen sie sich wohler fühlte als zu Hause oder in der Schule. Mit acht Jahren wurde sie vom Kindertheater der Hudson Guild, das einst von Helena Rubinstein gegründet worden war, magisch angezogen. »Da konnte ich plötzlich sein, was ich wollte. Eine Prinzessin, eine Teetasse, ein Kaninchen, alles.« Die Mutter ließ sie dort mitspielen, obwohl es ihre finanziellen Verhältnisse überstieg und sie hoffte, daß es sich eines Tages auszahlen würde.

»Sie sagte immer zu mir: ›setz dich in den Bus, hör dir Leonard Bernstein an und geh ins Kinderballett und ins Museum‹.« Doch die kleine Caryn war alles andere als kulturbeflissen und sah lieber Fernsehen. Ihre Stars waren Carole Lombard, John Garfield, Spencer Tracy und Jack Lemmon. »Ich wollte wie die Lombard die Treppe herunterkommen und wie Spencer Tracy sein. Diese Leute haben so viele Sachen gemacht, die ich auch gerne gemacht hätte. Ich habe zwar nie Schauspielerinnen gesehen, die so aussahen wie ich, aber ich hatte nie Probleme damit, mir vorzustellen, mich durch den Sherwoodwald zu schwingen, oder ... «

Die blühende Phantasie der Heranwachsenden geriet jedoch erst einmal in die falschen Kanäle, denn im New York der 60er Jahre, während der Hippiezeit, war es fast unmöglich, ohne Drogen aufzuwachsen. Auf der Highschool lernte sie synthetische Rauschmittel kennen, und von diesem Moment an holte sie sich ihre überbordenden Phantasien aus der Pfeife und später gar aus der Spritze. Dem »Playboy« gestand sie in einem Interview: »Acid (LSD), Pillen und Heroin waren in Mode. Ich hab' alles genommen. Große Mengen von allem. Ich war abhängig von einer Menge Zeug für eine Menge Jahre.«

Jeder Versuch ihrer Mutter, sie aus der Abhängigkeit zu befreien, war zum Scheitern verurteilt. Schließlich wurde Caryn die Schule zu langweilig, denn die Schule des Lebens erschien ihr zu dieser Zeit spannender. Die Lehrer quittierten ihr Desinteresse mit einem schlichten Rauswurf. Whoopis Kommentar aus der zeitlichen Distanz: »Ich war einfach nicht für die Schule gemacht.« Sie war noch nicht einmal achtzehn, und wenn sie Anzeichen von Selbstbewußtsein zeigte, dann allenfalls unter Drogeneinfluß: »Ich fand mich beschissen aussehend, und Freunde fand ich irgendwie auch nicht. Ich kam in keiner Clique unter und zog mich nicht cool genug an, war nicht schlau genug und schon gar kein süßes Mädchen. Ich konnte noch nicht mal tanzen.« In dem großen Interview, daß sie dem Schauspielerkollegen Matthew Modine Anfang 1992 gab, bekannte sie noch offener: »Ich habe buchstäblich im Dreck gelebt und unter Eisenbahnbrücken geschlafen ... Ich bin ein unglaublich unsicherer Mensch und gleichzeitig ein ziemlich verrücktes Kerlchen ... Alles was ich tun wollte, war, einen

Weg zu finden, mit den Menschen zu kommunizieren und mit den Menschen befreundet zu sein, aber meine Interessen waren immer schon anders. Und weil ich mich meinen damaligen Altersgenossen nicht beweisen konnte, hatte ich ein Minderwertigkeitsgefühl. Ich habe das immer noch, und deswegen sind Beziehungen auch so schwierig ... Manchmal waren die Knöpfe, die ich hätte drücken können, so groß, daß ich nur schwanzwedelnd davorstand. Heute geht das besser, denn ich bin älter geworden und weiß, daß ich als Person in Ordnung bin, gleichgültig ob die Leute mich mögen oder nicht ... Nein, ich war nicht das bestaussehendste Mädchen in unserer Straße, aber ich konnte ein intelligentes Gespräch führen, das manchmal mehr Aufmerksamkeit erzeugte, als wenn ich einfach nur süß gewesen wäre. Manchmal wünschte ich, ich hätte diese Information auch schon gehabt, als ich ein Kind war – das hätte mir eine Menge Tränen erspart.«

Immerhin – das drogenträchtige New York der 60er Jahre verschluckte Caryn Johnson nicht ebenso wie Hunderte anderer Junkies, die in der Gosse landeten. Weil sie sich nach wie vor zum Theater hingezogen fühlte, bewarb sie sich kurzerhand bei den großen Musicals der Stadt – und sollte nur ein Mädchen im Hintergrund gesucht werden, sie wollte dabei sein. Einigen Casting-Agenten war nicht verborgen geblieben, daß sie über darstellerisches Talent verfügte, und so kam sie ihren Phantasien wenigstens ein kleines Stückchen näher – denn sie erhielt Mini-Rollen am Broadway in den Hippie-Musicals *Pippin, Hair* und *Jesus Christ Superstar*. Die wenigen Dollar, die sie verdiente, gingen für Rauschmittel drauf, die sie auch deshalb konsumierte, weil sie sich für minderwertig hielt. »Mich will sowieso keiner«, dachte sie oft frustriert. Der einzige Mann, der sie scheinbar mochte, war ihr Drogendealer. Sie heiratete den Mann, nachdem sie ein Kind von ihm erwartete. Natürlich funktionierte die Ehe nicht, und Töchterchen Alexandra wuchs, wie nur wenige Jahre zuvor Caryn selbst, ohne Vater auf. »Ich war überhaupt nicht bereit für dieses Kind«, erinnert sich die Whoopi von heute. »Es kam noch dazu ohne Gebrauchsanweisung. Aber ich hab' versucht, das Beste daraus zu machen und dachte oft, daß manche Leute wohl dafür geboren werden, Kinder zu haben, ich aber sicherlich nicht dazu gehörte ...«

Sie weiß heute, daß dieses Kind ihr dennoch vielleicht das Leben gerettet hat, denn erstmals spürte sie Verantwortung für jemanden anderen als sich selbst. Sie spürte, welche Gefahr wirklich von diesen Drogen ausging, ahnte, was es bedeuten konnte, wenn sie nicht damit aufhörte. Die Liebe zu Alexandra brachte sie zur Vernunft, und sie entschloß sich, ihr Leben möglichst schnell zu ändern und sich wieder Ziele zu stecken. Im Jahre 1974 übersiedelte sie von New York nach San Diego, kaufte sich dort einen alten VW-Käfer und nahm die merkwürdigsten Jobs an, um sich über Wasser zu halten. Kaum ein Whoopi-Lebenslauf, der nicht vermerkt, daß sie für einige Monate bei einem Bestattungsunternehmer Leichen wusch und ihnen für die Besichtigung durch die Angehörigen vor der Beisetzung die Gesichter puderte.

Ihre Liebe zum Theater flammte wieder auf und mit einigen Freunden in San Diego agierte sie in einer Laienspielschar, aus der sich später das halbprofessionelle »San Diego Repertory Theatre« herauskristallisierte. Man probte Schauspiele und versuchte sich in der Klassik ebenso wie in der Moderne. Und ab und zu gab es für Auftritte dort sogar etwas Geld. »Wenn ich da 25 Dollar verdient hatte, bin ich sofort zum Sozialamt und habe es gemeldet. Nach dem Drogen-Dreck, den ich in New York erlebt habe, wollte ich, daß meine Tochter niemals sehen sollte, wie ihre Mutter lügt.« Immer dann, wenn am nächsten Monatsersten wieder der Scheck von der Stütze kam, waren die Theater-Dollar natürlich schon längst aufgebraucht. Caryn wollte um jeden Preis aus dem Sozialhilfe-Kreislauf ausbrechen und betrachtete es als Willens-Prüfung, es auf diese Weise zu schaffen. Langsam also ging es wieder aufwärts, nachdem es weiter abwärts beinahe nicht mehr hätte gehen können. Als alleinerziehende Mutter schlug sie sich den Rest der 70er Jahre durch und begann endlich an der Umsetzung ihrer persönlichen Phantasien in die Praxis. Ihre eigene Misere in New York hatte ihren kritischen Blick geschärft –

sie hatte nachgedacht und sich vorgenommen, Miß-stände der Welt, in die sie hineinkatapultiert wor-den war, zu erkennen und bei deren Bekämpfung mitzuhelfen. »Ein Kind aufwachsen zu sehen, kann dein Leben verändern«, sagte sie oft Reportern, die sie fragten, wann sie zu einem politischen Men-schen wurde, »und dann natürlich, wenn man sieht, wie Menschen mißbraucht oder gar weggeworfen werden. Ich habe stets gedacht, Menschen müßten auf andere Menschen achten. Doch über die Jahre, auch mit Reagan und später Bush habe ich eine Menge der Werte, von denen ich glaubte, daß we-nigstens die Regierung sie haben müßte, verschwin-den sehen. Zuzusehen, wie menschliche Hoffnung zerstört wird, das ist hart.«

Doch zu Hause hatte sie Spaß daran, ihrer klei-nen Tochter verschiedene Charaktere vorzuspielen. Wenig später dann in jenem kleinen Theater be-gann sie sich in andere Menschen, die nur in ihrer Phantasie existierten, hineinzuversetzen und mit deren Augen die Welt zu sehen. Das war ein span-nender Zeitvertreib und belustigte alle, die daran teilnehmen durften. Sie schlüpfte wieder in die Rolle des Drogenmädchens oder in die ihrer eige-nen Oma oder in die der Filmstars, die sie bewun-derte, mit denen sie aber so gar nichts gemein hatte. Daneben spielte Caryn endlich am »San Diego Re-pertory Theatre« richtige Rollen in richtigen Stücken, darunter sogar in Brechts *Mutter Courage* und Dickens *Christmas Carol.* Schließlich schloß sie sich Ende der 70er Jahre einer politisch engagierten, fahrenden Theatertruppe an und improvisierte Anti-Atomkraft-Sketche. Sie tat sich mit dem Schauspieler Don Victor zusammen, mit dem sie in Comedy-Clubs und Kunstmuseen auftrat und so etwas wie ein kleines eigenes Programm entwickelte. Eines Tages im Jahre 1980 war das Duo für einen Auftritt in San Francisco eingeladen. Victor war aber unterwegs und sah keine Chance, rechtzeitig am Aufführungsort zu sein. Caryn fuhr alleine hin und improvisierte die Monologe von drei Rollen. Der Gastgeber in San Francisco, ein Komiker namens David Schein, hatte ihr Mut gemacht, alleine aufzutreten: »Tu einfach so, als wäre dein Partner da oder mach das Publikum zu deinem Partner. Was ist denn das Schlimmste, was geschehen kann? Du bleibst 20 Minuten auf der Bühne, und wenn du schlecht warst, wirst du es schon merken und aufhören.« Sie blieb länger als eine Stunde und brachte das Publikum zum Toben. »Die flippten richtig aus«, erinnert sich Whoopi heute, »und ich war selbst auch völlig fertig. Ich hatte noch nie darüber nachgedacht, jemals irgendwo solo aufzutreten.« Und wenn David Schein ihr nicht geraten hätte, aufzutreten ... Wer weiß, vielleicht wäre sie dann niemals Whoopi geworden?

Schein, der schnell zu einem »sehr guten Freund« avancierte, gehörte zu einer Theatergruppe namens »The Blake Street Hawkeyes«. Die Truppe residierte in San Francisco und Caryn übersiedelte mit ihrem Töchterchen Alexandra noch im gleichen Jahr dorthin. Sie arbeitete an ihrem Solo-Auftritt und kreierte in dieser Zeit bereits einige der bizarren Charaktere, die ihr als Vehikel für ihre vor allem sozial- und umweltpolitischen Botschaften dienten: Sie verwandelte sich in eine 13jährige Surferin, die mit einem Kleiderbügel an sich selbst eine Abtreibung vornimmt, in eine drogensüchtige Einbrecherin, die in Literatur promoviert hat, in eine Frau, die vom vielen Liebemachen inzwischen verkrüppelt ist und in das kleine schwarze Mädchen, das unbedingt blond und blauäugig werden will und darüberhinaus um jeden Preis in *Love Boat* (dem Original-Traumschiff) mitspielen will ... Je öfter sie diese Figuren und einige weitere darstellte, desto mehr war sie von den transportierten Inhalten überzeugt und desto besser wurde sie auch. Das Publikum war jedesmal begeistert und im Jahre 1983, als sie im »Old Globe Theatre« von San Diego ein Gastspiel gab, waren ihre ehemaligen Freunde verblüfft, wie gut sie tatsächlich bereits geworden war.

Zu diesem Zeitpunkt hieß sie auch nicht mehr Caryn Johnson, sondern Whoopi Goldberg. Die Entstehung dieses Namens ist eine lustige Episode aus ihrem Leben: Weil sie mit herben und deftigen Sprüchen nicht geizte und anläßlich eines Witzes, in dem eine Blähung vorkam, eine ebensolche von sich gab, wurde sie von ihren Freunden »Whoopi Cushion« genannt, auf gut deutsch: »Furzkissen«. Dieser rüde Kosename, bald nur unwesentlich zu

»Whoopi Couchant« geadelt, hielt sich eine Weile, aber dann trieb ihre Mutter in den Familienannalen irgendwo den Namen Goldberg auf und meinte, daß sei wohl etwas passender. »Dieser Name ist nichts als ein Scherz«, gibt sie heute zu und verteidigt nach wie vor ihren Geburtsnamen, den sie übrigens als berühmte Entertainerin lange Jahre vor der Presse geheimgehalten hatte: »Wenn mich heute auf der Straße jemand zu sehr nervt, dann zeige ich ihm einfach meinen Führerschein und sage: ›Irrtum, ich bin's ja gar nicht‹. Als Caryn kennt mich ja auch heute noch niemand.« Und sie schwört jedem, der fragt, Stein und Bein, daß es in ihrer Familie wirklich einen Goldberg gab, vielleicht aber nur, um folgende kleine Story zu erzählen: »Und als ich dann am Broadway angekündigt wurde, erwarteten alle einen kleinen Juden ... «

In ihrem Privatleben existiert Whoopi Goldberg bis heute nicht: »Wenn ich zu Hause bin, bin ich natürlich Caryn. Dann nehme ich die Maske ab, die sagt, alles ist in Ordnung, kein Streß, kein Ärger, kein Nichts. Wenn ich eine gewöhnliche Person bin, die sich mit Rechnungen und Familienkrisen und was auch immer herumschlagen muß, dann ist kein Platz für Whoopi Goldberg.« In einem Interview mit David Rensin ging sie noch weiter, schimpfte mächtig auf ihre Bühnenpersönlichkeit und offenbarte damit, wie zwiespältig sie heute ihre Rolle als öffentliche Person sieht: »Whoopi Goldberg ist eine artikulierte, sehr schlaue, intellektuelle Person –

zum Teil weil sie das mag und weil das Geschäft es erfordert. Ich bin nicht so. Wenn ich zu Hause bin, geh' ich nicht weg, solange ich nicht unbedingt muß. Aber wenn Sie mich auf der Straße sehen, dann wissen Sie ja gar nicht, wie es grade um mein persönliches Leben steht. Ich kann ja nicht erwarten, daß Sie wissen, daß Caryn Johnson gerade ihre Periode hat und sich beschissen fühlt, während Whoopi Goldberg gar keine Periode kriegt. Caryn Johnson muß nicht zur Tür gehen, nicht das Telefon abnehmen und keine Fragen beantworten. Aber immer wenn ich zur Tür rausgehe ... «

Whoopis erste Show hieß *Moms* und viel von dem, was sie ihrem Publikum hier darbot, war Material der schwarzen Varieté-Königin Jackie Marbley, an deren Nummern sie sich am Anfang noch leicht anlehnte. Doch nach den ersten Begeisterungsstürmen des Publikums wurde sie mutiger und beschloß, mit dieser Show durch die Gegend zu ziehen und immer weiter daran zu feilen. Sie zeigte inzwischen die vielen verschiedenen Charaktere absolut überzeugend. »Es war, als hätte sie einen anderen Menschen aufgefressen und solange verdaut, bis er Teil ihrer selbst ist«, schrieb einst ein Kritiker der Show. Mit ihrer Stimme – in Deutschland zwar zumeist gut, aber längst nicht adäquat synchronisiert – krächzte und schrie sie, stöhnte und feixte, rülpste und jauchzte sie sich in die Herzen des Publikums. Und schon ein weiteres Jahr später, 1984, hatte sie mit dieser Show ein Engagement in New

York. Ein Kritiker der ehrwürdigen »New York Times« sah sich die Show im »Dance Theatre Workshop« an und schrieb die erste gewaltige Hymne auf die junge Komödiantin. In einem Atemzug nannte er sie mit Richard Pryor und Lily Tomlin, zwei Comedy-Stars, die zu jener Zeit am Broadway mit One-Man- bzw. One-Woman-Shows Theatergeschichte schrieben und der sogenannten »Stand-Up-Comedy«, die stark von der Improvisation lebt, ungeheure Fanscharen bescherte (eine Tradition, die es so leider nur in den USA gibt). Von nun an galt sie dem feinen New Yorker Publikum als »Satirikerin mit geschliffenem Humor, als Schauspielerin mit einer trockenen Einstellung zum Leben«. Und die New Yorkerin mit der einst tristen Lebensperspektive war nach New York zurückgekehrt, und sie war wieder auf dem Sprung Richtung Broadway, diesmal aber nicht als Kleinstdarstellerin in Hippie-Musicals, sondern als Zugnummer und eine der profiliertesten Komödiantinnen der Nation. Doch das Schicksal mußte erst noch die ein oder andere Wendung nehmen, ehe die Weltkarriere der Whoopi Goldberg beginnen konnte.

Die Schauspielerin Judith Ivey, eine Freundin des Regisseurs Mike Nichols, der Filme wie *Wer hat Angst vor Virginia Woolf* und *Die Reifeprüfung* inszenierte, hatte Nichols von Whoopi erzählt und ihn überredet, sich diese Frau doch einmal anzuschauen. Nichols war von Whoopi Goldberg so begeistert, daß er ihr noch am gleichen Tag ein Angebot machte. In ihrer Garderobe gestand er ihr, zu Tränen gerührt gewesen zu sein und schlug vor, sie von nun an zu unterstützen, ihr Fernsehauftritte zu ermöglichen und gleichzeitig ihre Show als Schallplatte herauszubringen. Whoopi wußte, was dieses Angebot für sie bedeutete: Arbeiten bis zum Umfallen, bis das neue Programm, das sie *The Spook Show* nannte und in der sie ausschließlich eigenes Material verarbeitete, stand.

Nach neun Monaten war es soweit: Insgesamt dreizehn »Spooks«, also Charaktere, stellte sie jetzt dar – allen voran den berühmt gewordenen Hippie Fontaine, sozusagen ihr gewandeltes Alter ego, der nach einer wilden Zeit in den 70ern in den 80ern blitzschnell clean und zum überzeugten Reagan-Anhänger wird. Überzogen und verloren stellt sie diese Rolle dar und hat nunmehr gigantischen Erfolg damit. Nichols läßt Whoopi am Broadway im Lyzeum-Theater auftreten und die Show in zwei Teilen für das Fernsehen aufzeichnen; *The Spook Show* begeisterte zunächst Abend für Abend Tausende Theater-Besucher. Und jeden Abend reagierte sie anders auf ihr Publikum, improvisierte mehr als andere Komiker und wurde somit nie langweilig – im Gegenteil. Eine Fangemeinde pilgerte immer öfter »zu Whoopi«, um zu sehen, wie sie »wohl heute drauf ist«. Je unterschiedlicher ihre Rollen waren, desto mehr begeisterte sie: Innerhalb von Sekunden mutierte sie von der neunjährigen Göre in die verrückte Großmutter, vom Drogenmädchen zum Banker. Die Kritiker: »Man glaubt nicht, daß das ein und dieselbe Darstellerin ist.« Sie schaffte es, und sie schaffte es ohne jede Kostüm- oder Make-up-Veränderung.

Aus ihren Phantasiefiguren, die sie in San Francisco einstudiert hatte, waren somit bald liebgewonnene Freunde geworden, die immer Neues erleben konnten und vor allem vor nichts und niemandem zurückschreckten: So konnte es geschehen, daß Fontaine erzählte, nach Europa zu fliegen und sich daraus ein, zwei mittelmäßige Flugzeugwitze ergaben. Doch schon steht dieses Großmaul in Amsterdam im Anne-Frank-Museum und denkt laut darüber nach, warum Anne Frank nach endloser Verfolgung durch die Nazimörder immer noch an das grundsätzlich Gute im Menschen glaubt ... Whoopis Humor in ihren Shows ist bis heute wohl bizarr, aber stets ehrlich und von guten Absichten. Er ist niemals peinlich, geschweige denn kitschig – die Zuschauer haben immer das Gefühl, eine außerordentliche dramatische Show geboten bekommen zu haben. Mit der *Spook Show* war es ihr gelungen, den schmalen Grat zwischen respektloser Satire, derbem Witz und intellektueller Unterhaltung zu finden.

Die Kritiker priesen sie als weiblichen »Lenny Bruce« und sie wurde rasch populär. Susan Mingus, die Witwe des Jazz-Bassisten Charlie Mingus, gehörte zu ihren ersten großen Fans: »Diese Frau ist eine Philosophin. Sie ist eine Heilige.«

Die von Mike Nichols produzierte Show war bald Abend für Abend ausverkauft, die Schallplatte ein kleiner Bestseller und die TV-Show ein guter Anfang im Fernsehen – und von diesem Moment an war die ehemalige drogensüchtige Sozialhilfeempfängerin eine reiche und in fast ganz Amerika bekannte Frau und nur noch einen Kinofilm von der Weltkarriere entfernt: Jetzt nämlich kam Steven Spielberg und engagierte sie vom Fleck weg: »Der hat mich auf diesen fliegenden Teppich geschubst und einfach gesagt: ›Ab geht's‹.«

Spielbergs
Die Farbe Lila:
Ein Brief
an Alice Walker

»Ich fuhr gerade mit dem Wagen eine Straße in Berkeley entlang, als Alice Walker im Radio kam und ein Stück aus Ihrem Buch *Die Farbe Lila* vorlas, und zwar einen der Abschnitte, in denen Celie und Shug über Gott diskutierten«, erzählt Whoopi in Interviews über ihren ersten Kontakt zu dem Stoff. »Meine Kleine ließ mich anhalten, weil ich doch sonst so viel über Gott rede und sie meinte, es sei doch witzig, daß da jemand anderes das gleiche Zeug sagte. So wußte ich, ich würde dieses Buch lesen müssen.«

Sie las das Buch und war hingerissen. Noch am gleichen Tag, an dem sie die letzte Seite verschlungen hatte, sandte sie der Autorin einen Brief: »Ich schrieb ihr meine Begeisterung und fügte einen kurzen Lebenslauf bei. Ich kopierte sämtliche Kritiken meiner Show und legte Empfehlungsschreiben dazu, nur um ihr mitzuteilen, daß ich überall hingehen würde, um an einem Vorspielen teilzunehmen, falls diese Geschichte jemals verfilmt würde.« Und nur wenige Tage später erhielt Whoopi Goldberg ein Antwortschreiben folgenden Inhalts: »Liebe Whoopi, ich weiß, wer du bist. Ich war bei deinen Shows, und ich habe dich schon längst für eine Rolle in dem Film vorgeschlagen. Alice Walker.«

Einem anderen war es ähnlich ergangen, als er auf der Suche nach einem neuen Filmstoff fast durch Zufall auf Alice Walkers Buch gestoßen war: Der Hollywood-Regisseur Stephen Spielberg, Macher von Filmlegenden wie *E. T. – Der Außerirdische*, *Der weiße Hai*, der *Indiana-Jones*-Serie und vielen weiteren Erfolgen, wollte diesmal gern einen Film »über richtige Menschen« drehen: »Kathleen Kennedy, die meine Produktionsfirma leitet, kam eines Tages in mein Büro, legte den Roman *Die Farbe Lila* auf eine Ecke meines Schreibtisches und meinte: ›Hier ist ein Buch, das dir gefallen könnte.‹ Hätte sie es mir feierlich als mögliches Projekt in die Hand gedrückt, wäre ich vielleicht argwöhnisch in die Defensive gegangen. So aber habe ich unvoreingenommen angefangen zu lesen und konnte gar nicht mehr aufhören. Am Ende hatte ich Celie tief in mein Herz geschlossen.« Spielberg traf sich mit dem schwarzen Komponisten Quincy Jones, einem guten Freund, und vertraute ihm an, daß er Zweifel habe, ob er der richtige Regisseur für diesen Stoff sei und ob nicht vielleicht ein schwarzer Regisseur oder eine schwarze Regisseurin geeigneter seien. Jones antwortete: »Du mußtest doch auch nicht vom Mars kommen, um *E. T.* drehen zu können, oder?« Und Spielberg schloß sich schnell Jones' Meinung an, daß derjenige den Film inszenieren sollte, der das Buch am meisten liebte – und machte es sich zur Aufgabe, die Geschichte einem noch größeren Publikum nahezubringen, als das Buch es vermocht hatte. Quincy Jones fuhr dann mit Spielberg nach San Francisco und stellte dem Regisseur Alice Walker vor. Sie gingen zusammen Essen und nur kurze Zeit später waren sich Autorin und Filmemacher einig. Von vornherein stand fest, daß Alice Walker in beratender Funktion am Drehbuch, der Besetzung und den Dreharbeiten mitwirken würde.

Doch hier zunächst einmal der Inhalt zu *Die Farbe Lila*:

Winter 1909: In Eatonton, Hartwell County, einer Kleinstadt im US-Südstaat Georgia bekommt die 14jährige Celie ihr zweites Kind und wieder ist der Vater der Mann, den sie »Pa« nennt. Sofort nimmt er ihr das Neugeborene weg: »Erzähl das lieber keinem außer Gott. Deine Mama würde es nicht überleben.« Kurz darauf stirbt Celies Mutter an gebrochenem Herzen. Ihre Ängste, Nöte und Zweifel vertraut das Kind nun in langen Briefen dem lieben Gott an. Ihre jüngere Schwester Nettie ist der einzige Mensch, der ihr nach dem Tode ihrer Mutter etwas bedeutet.

Albert Johnson, ein in der Nähe lebender Witwer mit vier Kindern, hat ein Auge auf Nettie geworfen und hält um ihre Hand an. Doch der Vater gibt ihm stattdessen Celie, weil sie die ältere ist. Sie folgt dem Mann, den sie nur »Mister« nennen wird, auf dessen Farm – und bald wird ihr klar, daß Mister nicht nur eine Frau, sondern vor allem ein Arbeitstier braucht. Sie wird mißhandelt und geschlagen, und auch Misters Kinder sind nicht nett zu ihr. Kurze Zeit später trifft Celie in der Stadt eine Frau, die ein Baby bei sich hat und erkennt sofort ihre kleine Tochter. Sie gibt sich nicht als Mutter zu erkennen, erfährt aber immerhin, daß ihre Kinder bei Reverend Samuel und seiner Frau gut versorgt sind.

Eines Tages kommt Celies Schwester Nettie zur Farm – sie hat es bei ihrem Vater nicht mehr ausgehalten und ist fortgegangen. Celie bittet Mister darum, daß Nettie bleiben darf. Die Schwester ist entsetzt, wie schlecht Celie behandelt wird. Mit Geduld und Liebe wird sie Celies Lehrerin und gibt alles an sie weiter, was sie in der Schule lernt; gemeinsam lesen sie Bücher: Charles Dickens Oliver Twist wird zu Celies erster Lektüre. Aber dann lauert Mister Nettie auf dem Schulweg auf und versucht, sie zu vergewaltigen. Nettie wehrt sich – mit dem Ergebnis, daß sie vom Hof gejagt wird. Nettie verspricht, ihrer Schwester Briefe zu schreiben: »Nur der Tod kann mich davon abhalten.« Celie wartet auf Post, doch Mister sagt, daß keine Briefe da sind – er hat ihr verboten, den Briefkasten zu leeren. Da also keine Briefe kommen, ist Celie nach einer Weile davon überzeugt, daß ihre Schwester tot ist.

Sommer 1916: Celie ist erwachsen geworden, aber ihre traurige Situation hat sich nicht geändert.

Harpo, Misters ältester Sohn, heiratet eine resolute
Frau namens Sofia, die Ehe geht aber nach einigen
Jahren in die Brüche – Sofia zieht zu ihrer Schwester. Eines Tages bringt Mister Shug Avery mit auf
die Farm, eine einstmals gefeierte Bluessängerin,
mit der er seit Jahren ein Verhältnis hat. Celie pflegt
Shug gesund und zwischen den beiden Frauen entwickelt sich ein freundschaftliches Verhältnis. Misters Vater, Old Mister, warnt den Sohn davor, sich
weiter mit Shug einzulassen.

Weitere sechs Jahre später baut Harpo eine
Blueskneipe am Fluß und überredet Shug, zur Eröff-
nung zu singen. Celie ist gerührt, als Shug »Miss
Celies Blues« zum Besten gibt. Doch als Harpos
Frau Sofia auftaucht, kommt es zum Eklat und zur
Prügelei. Das Verhältnis zwischen Shug und Celie

wird immer inniger – vor allem, weil Shug jetzt weiß, wie Mister Celie behandelt, wenn die beiden alleine sind. Shug macht ihr klar, daß sie sich auflehnen muß, daß sie endlich beginnen muß, ihre eigenen Bedürfnisse auszusprechen und sich selbst zu verwirklichen. Doch auch Shug hat Probleme, ihr Vater, ein alter Geistlicher, redet nicht mehr mit ihr, seit sie sich entschloß, Sängerin zu werden. Sie entschließt sich, fortzugehen. Celie und Mister sind gleichermaßen traurig, als die Freundin sie verläßt.

Viele Jahre später, inzwischen schreibt man das Jahr 1936, kommt Shug Avery zurück. Mister und Celie sind außer sich vor Freude. Shug hat zwar unterdessen einen Mann namens Grady geheiratet, aber an ihrer Liebe zu den alten Freunden hat sich nichts geändert. Als Shug eines Tages die Post aus dem Briefkasten holt, traut sie ihren Augen nicht: Es ist ein Brief für Celie dabei – von ihrer Schwester Nettie aus Afrika! Mister hat über all die Jahre hinweg alle Briefe Netties abgefangen und versteckt. Während er eines Tages mit Grady auf Sauftour ist, durchstöbern Celie und Shug seine Sachen, finden die Briefe und beginnen zu lesen: Nach der Trennung von Celie hat Nettie Arbeit bei Reverend Samuel und dessen Frau gefunden, von denen Celie ihrer Schwester erzählt hatte. Sie verstand sich so gut mit dem Ehepaar, daß sie mit ihnen und den beiden Kindern (also Celies Kindern) als Missionarin nach Afrika gegangen ist. Dort hat sie sich all die Jahre für die Unabhängigkeit und die Kultur der

Eingeborenen eingesetzt und ist schließlich nach Corinnes Tod die neue Frau des Reverends und damit die Mutter von Celies Kindern geworden, die inzwischen erwachsen sind. Und Nettie schreibt, daß die Familie nach Amerika zurückkehren wird und daß sie hofft, vielleicht Celie eines Tages wiederzusehen ... Bei einem Essen mit der ganzen Familie erklärt Shug, daß sie, Grady, Harpos Freundin Squeak und Celie Abschied nehmen werden – Mister, Harpo und Old Mister können darüber fluchen, solange sie wollen.

Ein Jahr später: Celie hat in Memphis, Tennessee eine Hosenmanufaktur eröffnet, von der sie gut leben kann. Da erfährt sie, daß Pa, ihr Stiefvater, den sie immer für ihren Vater gehalten hat, gestorben ist. Sie kehrt in den kleinen Ort zurück und versöhnt sich mit dem alternden und nunmehr weiser gewordenen Mister. Auch Shug schafft es, ihre Probleme aus der Welt zu schaffen – sie kommt wieder mit ihrem Vater zusammen, mit dem sie jahrzehntelang im Streit lebte. Auch das ganz große Wiedersehen bleibt nicht aus: Eine Gruppe exotisch gekleideter Menschen fährt vor Celies Haus vor, es sind der Reverend, Celies Kinder und Nettie. Die Wiedersehensfreude ist unbeschreiblich.

Das Buch *Die Farbe Lila* war 1982 erstmals erschienen. Alice Walker gewann im darauffolgenden Jahr die wichtigste literarische Auszeichnung Amerikas, den Pulitzer-Preis – ihr Werk wurde von da an ein Bestseller. Der ersten Auflage von 60.000 Exem-

plaren folgten schnell 26 weitere Auflagen – insgesamt fast eineinhalb Millionen Exemplare – bevor Steven Spielberg den Film drehte!

Die Autorin hatte übrigens anfangs ernsthafte Zweifel, ob Menno Meyjes, der weiße Drehbuchautor, den Spielberg ausgesucht hatte, geeignet sei, ihr Buch für den Film zu adaptieren. Ein langes Gespräch zwischen den beiden hatte diese Zweifel schließlich beseitigt. Meyjes schrieb das Originalbuch von Alice Walker in Übereinstimmung mit der Autorin und dem Regisseur leicht um – zum Beispiel ist die Beziehung zwischen Shug und Celie im Film – anders als im Buch – nur andeutungsweise auch sexuell und der »Mister« ist bei Spielberg letztlich viel sympathischer als bei Alice Walker. Frage an

Spielberg, warum er diese Veränderung vorgenommen hat: »Das war eine künstlerische Entscheidung. Für mich stand nicht die lesbische Natur dieses Verhältnisses im Vordergrund, sondern die Tatsache, daß sich hier zwei Menschen gefunden hatten, die sich gegenseitig den nötigen Halt und die nötige Liebe schenken. Celie ist von niemandem geliebt worden außer von Gott und ihrer Schwester. Und indem sie nun Shug kennenlernt, die voller Liebe ist, verändert sich ihr Blick auf die Menschheit. Ich glaube nicht, daß eine explizite Liebesszene diese Aussage irgendwie deutlicher hervorgebracht hätte. Und bei Mister wollte ich, daß er einen Lernprozeß durchmacht. Am Ende des Films sollte sich sein Wesen verändert haben. Das war ebenfalls ganz bewußt«.

Nur kurze Zeit nach jenem Brief, den Alice Walker an Whoopi Goldberg geschrieben hatte, mußte Whoopi nach Los Angeles, um einen Vertrag für ihre Show zu unterzeichnen. Da kam eine Einladung, die *Spook Show* einmal in Steven Spielbergs privatem Vorführraum in den Amblin-Studios zu zeigen, weil der Regisseur bisher nie die Gelegenheit gehabt hatte, Whoopi live zu sehen. Whoopi dachte: »Ha, er will mich für *Jäger des verlorenen Schatzes* haben.« Spielberg hatte angekündigt, daß er einige Freunde mitbringen würde. Es stellte sich jedoch heraus, daß er nicht weniger als 80 Leute eingeladen hatte, darunter Michael Jackson, Quincy Jones und Alice Walker. Whoopi zeigte einige ihrer

»Spooks« und konnte es sich nicht verkneifen, auch einen neuen Charakter darzustellen, von dem ihr Freunde eher abgeraten hatten: Sie wagte nämlich eine *E. T.*-Parodie, in der der kleine Außerirdische plötzlich mitten in Oakland landet, an die Falschen gerät und sich vollgepumpt mit Drogen im Knast wiederfindet . . . Der Regisseur liebte die Szene.

»Nach dieser Show, nachdem ich die Chance gehabt hatte, von all diesen Leuten hinweggefegt zu werden, sagte Steven: ›Ich denke darüber nach, *Die Farbe Lila* zu verfilmen – du kannst mitspielen, wenn du willst‹.« Whoopi hatte nicht im Traum an die Hauptrolle gedacht, als sie an Alice Walker geschrieben hatte – sie wollte die Sofia spielen, jene starke, unbeherrschte Frau, die immer wieder Ärger hat. »Ich hatte gedacht, das könne eine nette kleine Rolle sein, um mir einen netten kleinen Einstand im Filmgeschäft zu verschaffen«, erzählte Whoopi, aber Spielberg hatte nur geantwortet: »Nein, zum einen bist du zu klein, um Sofia, wie wir sie sehen, zu spielen, und dann bist du wirklich ideal geeignet, die Celie zu spielen«. Whoopi: »Das hatte Alice ihm eingeredet und ich saß da, zögerte und meinte so etwas wie: ›Oh, ich weiß aber nicht‹ . . . Aber dann begriff ich, daß da Steven Spielberg saß und mich von der Hauptrolle seines neuen Filmes überzeugen wollte. Und es war so, daß ich mir praktisch selbst eine gefeuert habe und mir gesagt habe: Aufwachen, Dummerchen! Sag einfach ja!«

Alice Walker selbst erzählte aus ihrer Sicht: »Ich

hatte sie in einem sehr kleinen Theater in San Francisco auftreten sehen. Und während der Show kam sie in den Zuschauerraum und schüttelte die Hände einiger Zuschauer. Ich war dabei und ich wußte, daß diese Nacht eine Zaubernacht war. Ich wußte sofort, daß diese Frau meine Celie ideal würde verkörpern können. Wie Celie ist Whoopi unglaublich klug, mit einem verschlagenen, pointierten Sinn für Humor, der dafür sorgt, daß du dich besser fühlst.«

Die Dreharbeiten waren für Whoopi eine neue, besondere Erfahrung. Reporter am Set bekamen Kostproben ihrer Show zu hören: »Ich liebe Filmstars. Neulich saß ich wieder mal in einer Bar, da kam Liz Taylor rein und gab mir gleich ihre Telefonnummer und sagte: ›Wenn du mal wieder in der Stadt bist, komm vorbei, dann können wir zusammen ein bißchen losziehen‹.« Auf die Rolle der Celie bereitete sie sich nicht im geringsten vor – ihre kecke Antwort auf diese Frage: »Kein bißchen Rollenstudium. Aus irgendeinem Grund kam das alles ganz locker. Immer dann, wenn Steven ›Action‹ rief, hat Celie übernommen. Und blieb dann am Ball. Wenn dann Drehschluß war, hab' ich ein bißchen Angst bekommen, weil ich dachte, ich könne nicht zurückkommen. Ich konnte nicht mal Sex haben.«

Die Gerüchteküche Hollywoods verbreitete während der Dreharbeiten, Whoopi Goldberg sei als Darstellerin unerträglich, mische sich ständig in die Arbeit des Regisseurs ein – diese Story hält sich übrigens bis heute hartnäckig. Im Falle ihres ersten

Films gab es jedoch nur eine verbürgte Auseinandersetzung – und zwar die mit dem Maskenbildner, der der älterwerdenden Celie Falten aufmalen wollte. »Wir Schwarzen haben keine Falten, wenn wir alt werden. Schauen Sie sich mal 70 Jahre alte schwarze Frauen an«, belehrte Whoopi den Make-Up-Meister. Einem Klatschjournalisten, der schrieb, daß Whoopi ständig Spielberg anweise, wie man Filme macht und daß Spielberg daraufhin mit ihr im Dauerclinch liege, schickten die beiden ein Telegramm: »Wir haben viel Spaß miteinander. Erschießen Sie Ihren Informanten.« Zu den Dreharbeiten brachte Whoopi übrigens oft ihre Tochter Alexandra mit, die daraufhin eine Minirolle in dem Film erhielt.

Die Musik zu *Die Farbe Lila* – übrigens ein für Spielbergs Verhältnisse relativ kleiner Film, der nur 15 Millionen Dollar Produktionskosten verursachte – wurde von Quincy Jones geschrieben, jenem Freund Spielbergs, der sich bei diesem Film auch als Co-Produzent verantwortlich zeichnete. Der Komponist und Musiker, der seit vielen Jahren Material zur Geschichte der schwarzen Musik sammelt, schrieb traditionelle Gospels für den Film um, arrangierte ausgelassenen Jazz und den kraftvollen Blues für Shug Avery.

Besonders in zwei Schlüsselszenen des Films zeigt Whoopi, wie gut sie als Schauspielerin sein kann. Die erste ist jene Szene, die der jungen Komikerin sozusagen die kinematographische Unschuld nahm – also der erste Tag, an dem sie auf einer Filmbühne stand. Es ist die Szene, in der Shug Avery ihr den Blues singt und sie nichts anderes zu tun hat, als zuzuhören – eine Emotion nach der anderen gleitet über ihr Gesicht und man kann ihr die Gefühle, die sie hat, förmlich ansehen. Die zweite Szene ist jene, in der sie zum ersten Mal das Wort selbst ergreift und während des Essens Mister ankündigt, daß sie und Shug gehen werden: »Das war eine der letzten Szenen, die wir drehten. Nach zwei Monaten, in denen ich fast nichts gesagt hatte, war ich jetzt bereit, endlich loszulegen und ihm die Meinung zu sagen.« Der über Jahre angestaute Frust einer unterdrückten Frau bricht sich in dieser Szene Bahn – sie vollzieht den Aufstand mit einer wunderbaren Kraft – jener Kraft aber auch, die Kriti-

ker der Geschichte niemals solange im Zaum gehalten hätten.

Die Hauptdarstellerin lobte ihren Regisseur, wo sie nur konnte: »Er ist der Beste, bringt Menschlichkeit ins Spiel. Und er kann Schauspieler inszenieren, viele dachten ja, der kann nur mit Special Effects umgehen.« Viele Organisationen von Schwarzen in den USA allerdings sprachen schon im Vorfeld von einer krassen Unter-Repräsentanz der schwarzen US-Bevölkerung in dem Film und kritisierten, daß ein weißer Regisseur diesen Film drehe. Doch auch wenn alle Charaktere des Films schwarzer Hautfarbe sind, für Whoopi ist es kein »schwarzer Film«: »Das ist eine Geschichte über Menschen in extremen Situationen, und es hätten wirklich ebensogut Chinesen, Weiße oder Spanier sein können. Es ist eine Geschichte über Menschlichkeit, über Würde.«

So dachten nicht alle. Der Film war kaum fertiggestellt und einigen Kritikern gezeigt worden, da wurden zum Teil schwerwiegende Vorwürfe erhoben. Speziell die schwarzen Aktivisten warfen dem Werk jenen Rassismus vor, den zu bekämpfen sie sich zur Aufgabe gemacht hatten: Sie sahen nichts als die süßliche Story einer verängstigten Frau, die von einem Schwarzen jahrzehntelang mißbraucht wird. Der sexsüchtige, männliche »Neger« und die stets zu allem bereite schwarze Frau – auf diese Formel reduzierten sie den Film. Whoopi Goldberg gab umgehend und wütend den Rassismus-Vorwurf zurück: »Es kommt vor, daß schwarze Männer schwarze Frauen mißbrauchen – aber die Menschen können jeden Tag Dutzende von Filmen sehen, in denen das gleiche mit Weißen geschieht, niemand würde je sagen, daß diese Filme weiße Leute stereotypisieren.« Viele Menschen nahmen Whoopi und Spielberg einfach nicht ab, daß es in dem Film um Menschen und den Triumph des Geistes geht – weit über Rassengrenzen hinweg. »Was glauben die eigentlich?«, ereiferte sich Whoopi, »denken die, daß weder ich, noch Danny Glover oder Oprah Winfrey (die weiteren Hauptdarsteller) beurteilen können, was es heißt, einen Ausbeutungsfilm zu machen?«

Deloris Williams, eine schwarze feministische Theologin, verteidigte öffentlich (in der »Los Angeles Times«) die Autorin Alice Walker und begründete Spielbergs angebliches Versagen durch die Veränderungen, die Autor Meyjes am Drehbuch vorgenommen habe: »Walkers Thema ist, daß Frauen sich der männlichen Unterdrückung durch die sexuelle Bindung an Frauen entziehen können ... Spielbergs Film hingegen ordnet feministische Themen der Autorität schwarzer Kultur unter ...« Und sie fragt, ob die Macher des Films die schwarze Kultur der dargestellten Zeitspanne adäquat gezeigt hätten und ob die Besetzung des Films dem entspräche. Immerhin sagt sie abschließend: »Gleichgültig, wie wir solche Fragen beantworten, Spielberg hat uns einen Film gegeben, den wir so schnell nicht vergessen werden. Er fordert uns heraus, in die Geschichte dieses Films tiefer einzusteigen und sie zu uns sprechen zu lassen ... Egal, ob wir nun mit allen Aspekten des Films übereinstimmen – wir schwarzen Feministinnen verlassen das Kino mit dem Wissen, daß wir etwas schmerzhaft Signifikantes über uns selbst, die Männer, Gott und die Erlösung gesehen haben.« Alice Walker übrigens sah sich die Verfilmung ihres Romans an, erklärte Steven Spielberg, daß sie ihn sehr mag und hielt sich von dem Moment an mit öffentlichen Kommentaren zurück. Ein weiser Entschluß, der aber auch wieder von einigen Menschen mißverstanden wurde.

Viele Kritiker sahen den Film als künstlerisches Desaster für Spielberg, dem sie sogenannte ernste Stoffe nicht zutrauten. »Er wollte doch nur auch einmal den Oscar haben«, schrieb einer mißgünstig. Das ist ihm allerdings gründlich mißlungen – der Film wurde zwar für erstaunliche zehn Oscars nominiert, ging aber an jenem Verleihungsabend leer aus. Von mancher unsachlicher Kritik zeigte sich Spielberg in einigen Interviews sichtlich getroffen – denn für ihn verbanden sich mit *Die Farbe Lila* auch private Gefühle: Während der Dreharbeiten entschloß er sich, seine langjährige Freundin Amy Irving zu heiraten und genau an dem Tag, als seine Filmheldin Celie ihr Kind zur Welt bringt, begannen auch bei Amy die Wehen – Spielbergs erster Sohn Max Samuel erblickte wenig später das Licht der Welt. »Ich drehte gerade den dritten Take der Geburtsszene mit Whoopi, da rief Amy an und sagte, ich solle schnell kommen, bei meinem eigenen Baby helfen ...« Retrospektiv läßt sich hierzu sagen, daß weder der Film noch die Ehe mit Amy Irving dem erfolgreichsten Filmregisseur Hollywoods Glück brachten ...

Eine ganze Reihe von Rezensenten bescheinigten der *Farbe Lila* zwar »großes Gefühlskino«, ersparten ihm aber nicht den Vorwurf allzu kitschiger Rührseligkeit, ausschließlich aus kommerziellem Kalkül so und nicht anders zusammengemixt. Gewinnerin des Oscar-Abends in jenem Jahr war aber auf jeden Fall Whoopi, auch wenn »ihr« Oscar an Geraldine Page ging. Szenekenner sagten: Das war sowieso klar. Wenn eine Darstellerveteranin oft nominiert wurde, aber nie gewann und im hohen Alter noch einmal die Chance hat, werden die Mitglieder immer ihr die Trophäe geben und nie der noch so brillanten Newcomerin ... Wie auch immer, Whoopi konnte die einstudierte Oscarrede dennoch halten und öffentlich ihrer Mutter danken, denn sie übergab den Oscar für den besten Filmschnitt des Jahres. Sie war stolz genug darauf, für ihren allerersten Film immerhin nominiert worden zu sein ...

Die Farbe Lila war kein Blockbuster-Hit, spielte aber in den US-Kinos immerhin über 70 Millionen Dollar ein. Eine der radikalsten Kritikerinnen hatte in einer großen Zeitung in San Francisco geschrieben: »Die hochtalentierte Schauspielerin Whoopi Goldberg dürfte sich mit diesem Debüt bereits die

Karriere ruiniert haben.« Daß dies absoluter Unfug war, hat die Filmgeschichte längst bewiesen. Und auch Spielberg legte Jahre später mit *Schindlers Liste* (1994) einen dramatischen Film von so hoher künstlerischer Qualität vor, daß die höhnischen Stimmen der selbsternannten Bewahrer der reinen Filmkultur inzwischen erheblich leiser geworden sind.

In ihrem Privatleben war Whoopi Goldberg in diesen Tagen ungebunden – das Verhältnis mit David Schein hatte sich wieder gelockert, und sie lebte in San Francisco allein in einem kleinen Haus, das mit einem zweiten, ebenso winzigen Häuschen verbunden war, in dem ihre Tochter mit einem Kindermädchen lebte: »Ich war immer unglaublich unabhängig. Ich hab' zwar Dinge für Männer gemacht, aber ich habe niemals irgend jemanden wirklich gebraucht.« Trotz des beachtlichen Geldes, daß sie inzwischen verdiente, lebte sie immer noch sehr bescheiden, der einzige Ausdruck ihres Luxus war das Kindermädchen, das sie sich leistete, und ein roter Porsche, mit dem sie zwischen ihren Terminen hin- und herflitzte.

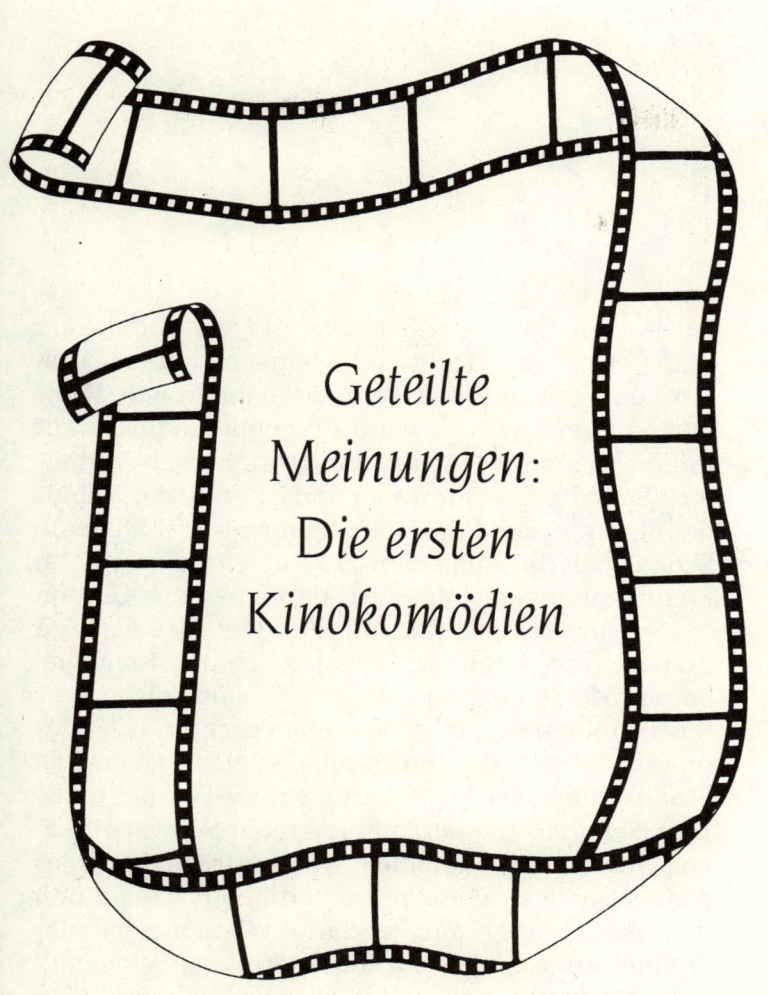

Geteilte
Meinungen:
Die ersten
Kinokomödien

Durch den Spielberg-Film war sie endgültig zum Star geworden – Hollywood hatte begonnen, sich um sie zu reißen. Doch wer würde mit ihr eine Filmkomödie drehen, wer würde Whoopi Goldberg auf ihrem ureigenen Terrain zum Durchbruch verhelfen? Es sollte eine Frau sein und es sollte das Regiedebüt für diese Frau sein. Penny Marshall, eine Schauspielerin und Fernsehregisseurin war vom Produzententeam Joel Silver und Lawrence Gordon ausersehen worden, den Film *Jumpin' Jack Flash* zu drehen, eine spannungsgeladene Action-Komödie. Penny Marshall, übrigens wie Whoopi eine »Seiteneinsteigerin« ins große Filmgeschäft (sie studierte Mathematik und Psychologie), war von den Produzenten des Twentieth-Century-Fox-Megahits *Das Phantomkommando* (mit Arnold Schwarzenegger) für würdig befunden worden, eine Idee des Autors David H. Franzoni zu verfilmen. »Damit fing der ganze Ärger an«, erklärte Whoopi nach der Premiere den fragenden Reportern, »aus einer tollen Idee wurde ein Drehbuch geschrieben, dieses wurde insgesamt achtzehnmal umgeschrieben und ein knappes Dutzend Autoren wurden dabei verschlissen.«

Im Gegensatz zu Alice Walkers Buch *Die Farbe Lila* war *Jumpin' Jack Flash* nicht die Geschichte eines prominenten Schriftstellers – hier gab es einfach eine interessante Idee und eine Menge Köche, die den Brei anrührten. Die Hauptdarstellerin, von ihrer Regisseurin als Idealbesetzung für die Rolle gepriesen, wetterte später: »Ich habe diesen Leuten zugesagt, bevor das Drehbuch fertig war. Das sollte man nicht machen. Ich dachte, es wird schon etwas Gutes dabei herauskommen. Ich war ja unglaublich verwöhnt von Spielberg und Mike Nichols. Das war so eine Art Bruchlandung zur Erde. Ich schwör's – ich werde nie wieder einen Film machen, bei dem es kein abgesegnetes Drehbuch gibt. Der Film erzählt dennoch eine lustige Geschichte, die auf die Beine zu stellen trotz der phantastischen Crew allerdings ein Alptraum war.« Hier erst einmal diese »lustige Geschichte«:

Terry Doolittle ist eine alleinstehende Frau in einer Großstadt. Sie verbringt eine Menge Zeit in einer Phantasiewelt von Träumen, alten Filmen und Liebesromanen. Ihr kleines Apartment in Manhattan reflektiert eine phantasievolle und begabte Persönlichkeit – alles ist voller Sammlerutensilien und Pflanzen. Terry ist ziemlich clever, hat aber einen recht langweiligen Job. Tagein tagaus sitzt sie am Computer in der internationalen Geld-Transfer-Ab-

teilung einer großen Bank, ist zwar mit der halben Welt verbunden, aber es geht nur um öde Abwicklungen. So beschließt sie eines Tages, sich den Job über die Dekorierung ihres Terminals hinaus etwas interessanter zu machen, indem sie einige persönliche Akzente in ihre Transaktionen setzt ... Mit ihrem Londoner Kollegen tauscht sie Bruce-Springsteen-Kassetten mit Sammlerwert; ihrem Korrespondenten in Japan schickt sie Rezepte für amerikanischen Schweinebraten; ihrem französischen Kollegen hilft sie dessen bewegtes Liebesleben zu meistern. Ihr Chef mag Terrys Sinn für Humor und ihre Ausgeflipptheit nicht besonders, angesichts ihrer beruflichen Erfolge schweigt er jedoch. Sie hat ihren Computer besser im Griff als die Arbeitskollegen Cynthia und Marty, die immer dann zu ihr kom-

men, wenn sie einen Rat brauchen, oder wenn sie
einfach mal lachen wollen – und sie machen sich
umgekehrt Sorgen, wenn Terry in Schwierigkeiten
gerät.

Irgendwo – am anderen Ende der Welt bekommt
jemand von Terrys Datenstreifzügen etwas mit, den
Terry gar nicht angesprochen hat. Eines Tages, Terry
arbeitet noch lange nach dem offiziellen Dienst-
schluß, erhält sie einen codierten Hilferuf, den sie
als Rolling-Stones-Fan mit Hilfe des Songs »Jumpin'
Jack Flash« knackt. Sie findet heraus, daß diese
Nachricht von einem englischen Nachrichten-
agenten stammt, der im Ostblock in einer Falle sitzt.
In der Hoffnung, etwas Aufregung, ein Abenteuer
und unter Umständen vielleicht sogar eine Liebesgeschichte in ihr eintöniges Leben zu bringen, stürzt

*sich die Datenreisende in eine Befreiungsaktion, die
zu einigen haarsträubenden und komischen Situationen führt, in denen sie ins Spannungsfeld der Geheimdienste CIA und KGB gerät.*

*Immer tiefer gerät sie in ein Abenteuer, von dem
sie lange nicht ahnt, wie gefährlich es für sie werden
kann. Terry läßt sich darauf ein, sich mit einem Kollegen des vermeintlich gefangengehaltenen Jack,
Mr. Van Meter, mitten in der Nacht am Hudsun-River zu treffen. Bei ihren naiven Versuchen, Jack zu
retten, kommt sie dann schnell in britische Diplomatenkreise. Im Konsulat allerdings verrät sie ihr Wissen um Jack ausgerechnet dem Diplomaten Jeremy
Talbot, der daraufhin mit allen Mitteln versucht,
Terrys Pläne, den Eingekerkerten zu retten, zu
durchkreuzen. Und nun sind Terrys Phantasien
längst Realität, aber nicht in dem Sinne, wie sie sich
das zu Anfang dieser Geschichte vorstellte. Was als
witziges Computerabenteuer begann, wird schließlich zum Horroralptraum, aus dem Terry Doolittle
möglichst schnell wieder aufwachen möchte. Doch
so einfach ist das nicht. Irgendwann aber haben alle
Verwechslungen ein Ende und es stellt sich heraus,
daß die ganze Geschichte ein abgekartetes Spiel ist.
Es gibt ein Happy-End, das Terry aus der Bedeutungslosigkeit entläßt – nämlich in eine Spitzenposition bei ihrer Firma ...*

»Zunächst einmal ist Terry doch eine ganz normale Persönlichkeit in einer abnormalen Situation«,
schätzte Whoopi ihre eigene Rolle ein, nachdem sie

sich über den Ärger bei den Dreharbeiten wieder beruhigt hatte. »Es hat nicht so viel damit zu tun, was mit ihr geschieht, sondern vielmehr damit, wie sie darauf reagiert, was mit ihr geschieht. Wenn ich eine Person spiele, mache ich immer genau das Gegenteil von dem, was man von mir erwartet.« Und sie stellt gleich die Beziehung zu ihrer Arbeit als Komödiantin her: Als spontan reagierende Künstlerin bestimmt sie die Handlung stets mit Reaktionen auf bestimmte Aktionen. »Man muß sich nur vorstellen, was passiert wäre, wenn Leute in Filmen anders reagiert hätten. Überlegen Sie doch nur: Was wäre geschehen, wenn Janet Leigh in *Psycho* plötzlich die Tür geöffnet hätte, als Norman Bates gerade auf sie losging?« Und es wird klar, daß Whoopi selbst viel von dieser Terry Doolittle hat, die ihre Phantasien in die Realität umsetzen möchte. »Ich sollte immer etwas anderes sein, als ich war«, erzählte sie, »und so war es auch in diesem Film.« Leben also ist, was man daraus macht – und diese, Whoopis ureigene Philosophie, macht *Jumpin' Jack Flash* trotz vieler Fehler zu einem liebenswerten Film. Heute würde man es »virtuelle Realität« nennen, wo hinein sich Terry mit ihrem Computer flüchtet. Wenn sich Einbildungskraft schließlich verselbständigt – darum geht es in dem Film.

Whoopi spielt diesmal auch das Gegenteil ihrer Rolle der Celie in Spielbergs Film: Kein bißchen verschüchtert zeigt sie sich unerschrocken und nimmt selbst in die Hand, was andere ihr nicht zutrauen –

Terry kennt ja die Welt, und sei es eben nur im Film. Und wie nur im Film oder selbstverständlich auch im Märchen – nichts anderes ist *Jumpin' Jack Flash* letztlich – siegt das Selbstvertrauen und zeigt sich, daß Aschenputtel den Prinzen erlösen kann.

Penny Marshalls Film ist eine irrwitzige Action-komödie mit einigen durchaus brillanten Einfällen, die zumindest von der amerikanischen Filmkritik stark unterschätzt wurde. Vielleicht trug dazu ja auch die Negativ-Publicity bei, die den schwierigen Herstellungsprozeß des Streifens begleitete – in den USA jedenfalls lief diese Soloshow Whoopi Gold-bergs erstaunlicherweise nicht besonders. »Boring«, also »langweilig« titelte »Variety« respektlos und übersah die Aspekte, die über die reine Action-comedy hinausgingen, völlig. »Kein bißchen span-nend« schrieb der Rezensent, »und soviel Verwick-lung wie in einem Soft-Drink-Werbespot«, und er fuhr vernichtend fort: »Bleibt die Frage, ob jemand wie Whoopi überhaupt einen Film alleine tragen kann.« Und dieser Kritiker stand nicht alleine da, Michael Wilmington, der Rezensent der einflußrei-chen »Los Angeles Times« prügelte noch schlimmer auf den Film ein und nannte ihn »lahm, völlig sinn-los und nicht lustig«. Immerhin aber erkannte er die Qualitäten der Hauptdarstellerin und auch der Re-gisseurin – für beide wünscht er sich bessere Dreh-bücher. Natürlich – beide haben in späteren Filmen auch in ihrer Heimat die verdiente Würdigung er-fahren. Penny Marshall drehte später zum Beispiel den Megahit *Big* mit Tom Hanks, den dramatischen Film *Zeit des Erwachens* mit Robert de Niro und Robin Williams und eine Reihe weiterer großartiger Filme. Und Produzent Joel Silver wurde mit den Actionfilmen von Mel Gibson, Bruce Willis und Co. inzwischen zu einem der erfoglreichsten Produzenten der Filmgeschichte. Vielleicht haben ja alle Beteiligten aus den Fehlern dieser Produktion gelernt?

In Deutschland ging die Presse vom Start weg netter mit *Jumpin' Jack Flash* um. Hier nannte man den Film eine »irrwitzige Komödie von unglaublichem Tempo«, lobte die Hauptdarstellerin als »genial« und stellte natürlich auch fest, daß das Drehbuch voller Schwächen sei. Immerhin – die Filmbewertungsstelle in Wiesbaden vergab an den Streifen das Prädikat »Wertvoll« und begründete dies so: »... eine schwer durchschaubare Agentengeschichte, die mit viel Action und Witz realisiert wird. Die vor Tempo fast berstende Handlung wird durch den Computer ausgelöst ... Hier ist eine gewisse Kritik an der immer mehr mit technischen Geräten umgehenden Gesellschaft nicht zu übersehen. Im Vordergrund stehen jedoch die zahlreichen komischen Situationen, gelegentlich tritt auch das parodistische Element stärker hervor ... Hinter dem Vergnügen, das der Film bereitet, verbirgt sich einiges Bemerkenswertes über die aktuellen Probleme, die für die amerikanische Gesellschaft wichtig sind, so über die Rolle der Frau im öffentlichen Leben und die Beziehung zwischen Weißen und Farbigen.«

Um letztere Beziehung ging es laut Aussage der Verantwortlichen dieses Films zwar niemandem – wenn es sich aber für eine Begründung gut liest ... Die »Neue Zürcher Zeitung« hebt weniger auf die gesellschaftskritischen Elemente des Films ab: »Die ausgeflippte, erfrischend respektlose Hauptdarstellerin steht auf verlorenem Posten, wenn alle ihre Mitspieler als blasse Chargen angelegt sind, wenn so abgedroschene Einfälle wie der, jemandem samt Telefonkabine zu entführen, darüber hinwegtäuschen sollen, daß diesem Drehbuch schlicht nichts eingefallen ist.« Das letzte Wort zu diesem Film gehört aber Whoopi: »Ich hab' ihn mir gar nicht erst angesehen«, meinte Whoopi Goldberg zu einem Reporter von »USA Today« 1986, »aber ich glaube trotzdem, die Leute werden ihn mögen.« Sie lag mit dieser Vermutung nicht ganz richtig.

Ihrer Popularität allerdings tat *Jumpin' Jack Flash* nicht den geringsten Abbruch – im Fernsehen zeigte sich Whoopi denn auch häufig von ihrer allerbesten Seite. Sie hatte zunächst ihre erste Gastrolle in einer großen Fernsehserie – nämlich in *Moonlighting (Das Model und der Schnüffler)* an der Seite von Bruce Willis und Sibyl Shepherd. Hierfür wurde sie mit dem Emmy nominiert, dem wichtigsten amerikanischen Fernsehpreis. Anfang 1986 durfte sie auch erstmals als Gastgeberin der »Grammy«-Show auftreten – nachdem sie zuvor selbst den »Grammy« für den unglaublichen Erfolg ihrer Schallplatte erhalten hatte. Gemeinsam mit ihrem Komikerkollegen Billy Chrystal witzelte sie sich weiter in die Herzen des Publikums und ließ es sich an jenem Abend gefallen, daß Billy Chrystal sie respektlos imitierte und gleich mit einer Whoopi-Perücke auf die Bühne kam.

Ihr nächster Film hatte indirekt mit *Moonlighting* zu tun – denn für die Hauptrolle von *Burglar*, zu deutsch *Die diebische Elster*, war eigentlich Bruce Willis vorgesehen. Der sollte die Hauptrolle spielen und Whoopi, die er ja inzwischen kannte, seine etwas trottelige Partnerin. Doch Willis hatte plötzlich keine Lust mehr, an dem Film mitzuarbeiten – für ihn stand *Die Hard* auf dem Programm. Also ordnete der designierte Regisseur Hugh Wilson eine »Sex-Change-Operation am vollständigen Drehbuch« an, also das Umändern der männlichen auf eine weibliche Hauptrolle. Es galt, das Script Whoopi Geldberg auf den »Leib zu schreiben«. Damit war auch klar, daß die Rolle der trotteligen Nebendarstellerin jetzt einem Mann zufallen durfte, und jetzt war es an Whoopi, sich für einen Freund aus alten Tagen in San Francisco starkzumachen: Whoopi nahm Regisseur Wilson bei der Hand und führte ihn in einen kleinen Comedy-Club der Stadt, dorthin, wo ihre eigene Karriere vor wenigen Jahren begonnen hatte und stellte ihm die Show ihres Freundes und Kollegen Bob Goldthwait vor. Zusammen mit Goldthwait und dem damals noch relativ unbekannten Robin Williams war Whoopi knapp drei Jahre zuvor in ebendiesem Club aufgetreten. »Alle drei für vier

Dollar«, wie sich Goldthwait erinnert. Ebendort hatte noch etwas früher Alice Walker Whoopi entdeckt und Spielberg für die Rolle der Celie in *Die Farbe Lila* vorgeschlagen.

Hugh Wilson, der zuvor mit großem Erfolg zwei der *Police-Academy*-Filme inszeniert hatte, war begeistert und Goldthwait erhielt die Rolle. Whoopi war froh, diesen Film in San Francisco mit Wilson und Bob Goldthwait drehen zu können: »Es kam zum richtigen Zeitpunkt, und zum ersten Mal hatte ich bei diesem Projekt das Gefühl, daß man auch mich anhörte und daß meine Ideen etwas bedeuteten«, meinte sie später, »und ich war selbst in der Lage, bestimmte Leute für bestimmte Ideen zu gewinnen.« Das Gefühl, als Künstlerin auch respektiert zu werden, war ihr zu dieser Zeit ebenso wichtig wie die Kunst selbst, an der sie arbeitete. »Es war ein tolles Gefühl. Sie sagten einfach: ›Hier ist Geld, jetzt legt mal los und macht einen Film daraus. Das kannte ich ja bisher nicht‹.« Und folgendes passiert in diesem Film:

Bernie Rhodenbarr ist eine Abenteuerin, die ein Doppelleben führt. Tagsüber ist sie eine ehrliche Buchhändlerin in San Francisco, nachts eine geschickte Diebin. Sie ist zwar keine Gentleman-Gaunerin, aber sie hat dennoch eine gewisse Ethik: »Es geht nicht darum, was du klaust, es geht darum, wem du es klaust.« Sie ist klug, sie ist cool und sie ist lustig. Sie hat versucht, ihren nächtlichen Job aufzugeben, aber mit Bücherverkaufen kann man sich

eben keine Designerturnschuhe kaufen. Doch eines
Nachts vor fünf Jahren ist sie unvorsichtig gewesen.
Nachdem sie einen Job beendet hatte, schmiß sie
ein Paar Gummihandschuhe, die sie beim Einbruch
getragen hatte, achtlos weg, ohne zu ahnen, daß ein
alternder Ex-Polizist sie beobachtet hatte. Der weiß
nämlich, daß auch in Gummihandschuhen Finger-
abdrücke stecken – nämlich dann, wenn man sie
einfach herumdreht. Mit diesem Wissen erpreßt er
Bernie Rhodenbarr und bessert sich seine mickrige
Pension auf.

Bernie lernt irgendwann Dr. Cynthia Sheldrake
kennen, eine außergewöhnlich attraktive Zahnärztin, die von ihrem Mann geschieden ist. Diese Dame
bietet 25.000 Dollar, wenn Bernie den Schmuck,
den sie ihrem Mann überlassen mußte, wieder

zurückraubt. *Bernie hat keine Wahl und dringt nachts mit einem Nachschlüssel des Apartments in dasselbe ein und findet auch zielsicher den Kühlschrank, von dem sie weiß, daß dort die Juwelen versteckt sind. Doch bevor sie abhauen kann, kommt Christopher, der Ex-Ehemann, zurück und vergnügt sich im Bett mit einer Frau – wie Bernie aus dem Kleiderschrank, in den sie schnell geflüchtet ist, mitverfolgt. Kurz darauf gibt es eine Auseinandersetzung in der Wohnung, Tumulte und Schreie – als Bernie den Schrank verläßt, findet sie Christopher erstochen am Boden, und die Diamanten sind natürlich auch weg.*

Frau Dr. Sheldrake wird wegen dringenden Tatverdachts festgenommen – denn ihr Ex-Mann ist offensichtlich mit einem Zahnarztinstrument aus ihrer Praxis getötet worden. Ihr Rechtsanwalt Verrill verspricht, sie bald wieder freizubekommen. Währenddessen suchen Polizisten die Person auf, die als letzte im Behandlungsbuch von Dr. Sheldrake eingetragen war – nämlich Bernie. Sie sieht die beiden kommen, versteckt sich und wird Zeugin, wie die Polizisten ihre Wohnung durchwühlen und unverrichteter Dinge wieder abziehen. Rechtsanwalt Verrill trifft sich mit ihr und rät ihr zu verschwinden – sie sei in großer Gefahr. Das aber läßt Bernie kalt, und sie trifft sich mit Carl, ihrem besten Freund, und überlegt, wie man den Mörder auf eigene Faust finden kann. Ihr ist längst klar, daß sie für einen Mord verantwortlich gemacht werden soll, den sie nicht

begangen hat. Carl ist der Besitzer eines Pudelsalons direkt neben Bernies Buchladen. Carl haßt eigentlich Hunde und möchte ebenso wie Bernie bald reich werden – er gibt den Tip, es in einer TV-Gameshow zu versuchen. Durch zwei Namen auf Streichholzschachteln, die Bernie in Christophers Wohnung gelesen hat, kommen die beiden Amateurdetektive auf die Spur eines Mannes namens Graybow, eines Freundes von Christopher. Bernie dringt in dessen Wohnung ein, wird von ihm erwischt, kann aber nach einer Prügelei entkommen. Zur gleichen Zeit ist Carl in eine andere Wohnung eines weiteren Christopher-Freundes, Knobby di Carno, eingebrochen und hat dort einen Koffer voller Falschgeld gefunden. Graybow wird wenig später ebenfalls tot aufgefunden und Bernie und Carl sind jetzt sicher, daß sie einem Falschgeldsyndikat auf der Spur sind.

Jetzt tritt Ray, der alte Ex-Polizist, der Bernie erpreßt, wieder auf den Plan und verrät sie an die Polizei, weil er sie für eine Mörderin hält. In einer wilden Jagd auf dem Motorrad gelingt es ihr, der Polizei zu entkommen. Mit Carl sucht sie nach Knobby, doch auch der wird bald tot aufgefunden. Als Rechtsanwalt Verrill die Zahnärztin aus der Untersuchungshaft freibekommt, wird Bernie bald klar, wer die Morde verübt hat. Sie weiß auch, daß die Ärztin jene Frau war, die sie nachts in der Wohnung mit Christopher gehört hat. Doch Cynthia Sheldrake versichert Bernie, nichts mit den Morden zu tun zu

*haben. Bleibt nur noch ein Verdächtiger für Bernie
… Sie trifft sich mit Rechtsanwalt Verrill, beschuldigt ihn und verspricht zu schweigen. Als Gegenleistung allerdings fordert sie die Diamanten aus Christophers Wohnung. Die Übergabe des Schmucks soll in einem kleinen Park in der Stadt über die Bühne gehen. Zum Showdown geht Bernie allerdings nicht allein, sondern sie bringt ein paar Freunde mit …*

Die diebische Elster ist fast ein Werbefilm über San Francisco geworden. Bernies Buchladen und Carls Pudelsalon liegen im Haight-Ashbury-Bezirk, dort, von wo aus einst die Hippie-Bewegung ausging. Bernie wohnt auf dem Potrero Hill, von wo aus man die ganze Stadt überblicken kann – und sich dennoch gut verstecken, Carl am geschäftigen North Beach, in der Nähe vom Chinesen- und Italienerviertel. Dr. Sheldrake wohnt natürlich am noblen Nob Hill und das erste Treffen mit Verrill findet im einzigartigen »Roundabout Room« im San Francisco Aquarium statt, in dem ein riesiges rundes Aquarium Hunderte von exotischen Salzwasser-Fischen beherbergt.

Bernies Motorradjagd durch die Stadt wurde von Regisseur Hugh Wilson und dessen Kameramann William A. Fraker, der bereits die Hetzjagden von Steve McQueen in *Bullit* inszenierte, realisiert. Es ergab sich übrigens sogar eine zufällige Hommage an den Steve-McQueen-Klassiker *Bullit* – denn der Lebensmittelladen, in den Carl Bernie mitnimmt, um Olivenöl zu kaufen, kommt auch in der Eröffnungssequenz dieses Films vor. Die Jagd selbst wurde mit uralten Panaflex-Kameras aufgenommen, die selbst gröbste Behandlung nicht krumm nahmen und teilweise unter die verfolgenden Autos montiert waren.

Die Kunstszene San Franciscos wurde in einigen der Galerien und Clubs in Szene gesetzt. Bilder des Malers Eddie Briggs spielen zum Beispiel eine wichtige Rolle – sie finden sich in mehreren der Wohnungen, die Bernie ausraubt ... Der Schmuck, den Bernie aus Christophers Apartment klauen soll, war übrigens echter Schmuck – die Firma Cartier, die ihn auslieh, taxierte ihn auf eine Million Dollar! Ein Ring für 100.000 Mark wurde während der Dreharbeiten verkauft, der neue Besitzer nahm ihn erst nach Beendigung der Dreharbeiten in Besitz.

Regisseur Wilson wußte, daß dies ein schwieriger Film werden würde: »Action-Comedy ist das komplizierteste, was ein Filmemacher anpacken kann. Das ist so ähnlich, als spiele man mit Nitroglyzerin.« Und meinte damit, daß ein Zündfunken notwendig ist, um das Publikum zu begeistern: »Es gibt nur eine ganz feine Linie für das Publikum zwischen Lachen und Rausgehen – wenn es schiefgeht, dann geht es meist gewaltig schief.« Aus seiner Sicht konnte es mit Whoopi Goldberg nicht schiefgehen, weil sie für diesen Film nicht aus einem Fundus routinemäßig abgespulter Einzeiler schöpfte, sondern auf sie ein ausgefeiltes Drehbuch zugeschnitten war.

Doch so optimistisch dieses Konzept auch im Vorfeld klang, so wenig mochten sich jene, die professionell über Filme urteilen, später damit abfinden. Fast alle erkannten zwar, daß *Die diebische Elster* ein Starvehikel für Whoopi sein sollte, aber sie erklärten diesen Vorsatz bereits im Ansatz für gescheitert. Richard Harrison von der »Washington Post«: »Dieser Film ist falscher Alarm. Was immer du für diesen schlimmen kleinen Film anlegst, man hat dich ausgeraubt ... Noch ein paar solche Dinger und die Hauptdarstellerin muß ihren Namen in ›Whoops‹ (Ohweh!) ändern.« Vincent Canby, allgewaltiger Kritikerpapst der »New York Times«, nahm sich eine halbe Seite, um zu folgendem Ergebnis zu kommen: »Noch so ein mieses Filmchen und die Schauspielerin wird keinen Kredit mehr beim Publikum haben ... schlechter als jetzt kann sie es gar nicht machen.« »USA Today«, das große Boulevardblatt Amerikas, schiebt die wenigen Meriten dieses Films alleine Bob Goldthwait zu: »Die 15, 20 Minuten, die er zu sehen ist, kann man den Film ansehen«, und vergleicht Goldthwait mit dem jungen Jerry Lewis. Whoopi kommt auch hier nicht gut weg. Michael Wilmington von der »Los Angeles Times« beschimpft in seiner Kritik die unfähigen Drehbuchautoren, »die Whoopi das Talent geklaut haben« und endet mit einem Spruch von Bernie Rhodenbarr, den er auf die Darstellerin ummünzt: »Whoopi, you gotta stop doin this, uh, stuff.« (Du solltest mit diesem Zeug endlich aufhören).

Starke Worte, arme Whoopi. Zum Abschluß spenden wir etwas Trost, ebenfalls aus berufenem Munde. Duane Byrge, einflußreichster Kritiker des »Hollywood Reporter« sah alles nicht so schlimm, konnte allerdings den kommerziellen Flop von *Die diebische Elster* mit seinen salbungsvollen Worten nicht verhindern: »In der Tat ein wirklich schöner Film ... Dank des klugen und verrückten Drehbuchs kriegt sie ordentlich zu tun ... Mit den Waffen einer Komikerin, nämlich mit verschlagener Intelligenz und außerirdischer Extravaganz rettet Goldberg ihre Haut und den ganzen Tag ...

Auch in Deutschland meinten es die Fans besser mit Whoopi, die heute auch »vieles anders machen würde«: »Erfrischend unangepaßt«, titelten eine Reihe von Zeitungen und lobten immer wieder den Star des Films: »Charme und geölter Witz sind ihr fremd. Ihre Komik hat etwas von dem Schlag in die Magengrube, doch auch der haut die Zuschauer ja zweifellos vom Sitz.«

Das nützte alles nichts, denn *Die diebische Elster* schaffte es weltweit nicht, ihre Herstellungskosten einzuspielen. Als nächstes Projekt plante Whoopi Goldberg ein Remake des Hollywood Klassikers *Born Yesterday*, die Geschichte des ehemaligen Musicalmädchens Billie Dawn, die sich gegen den übermächtigen Einfluß ihres Freundes auflehnt. Doch daraus wurde nichts, denn als nächstes größeres Filmprojekt wurde ihr ein ganz und gar unpolitischer Film angeboten, die Actionkomödie *Fatal Beauty*.

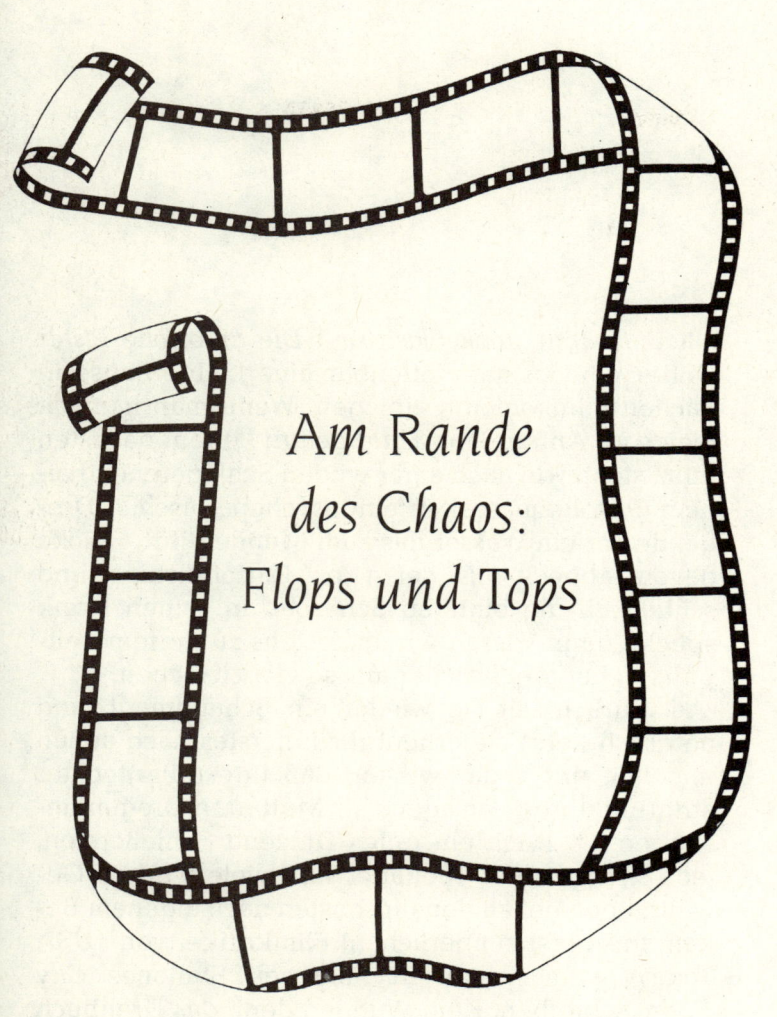

Am Rande
des Chaos:
Flops und Tops

Nach *Jumpin' Jack Flash* und *Die diebische Elster* wollte Whoopi ganz offenbar eine kleine Pause in Sachen Filmkomödie einlegen. Wenn man nämlich gleich zu Anfang von *Fatal Beauty*, ihrem nächsten Film, sieht, wie nach einer wilden Schlägerei und einem Pistolenmassaker ein psychopathischer Drogendealer ein Wasserglas zum Munde führt, Stücke davon abbeißt als seien es Kartoffelchips und schließlich die blutigen Scherben in seinen Drink spuckt, dann wissen wir spätestens zu diesem Zeitpunkt: Hier gibt's nicht ganz so viel zu lachen.

Natürlich hat sie wieder ein Schandmaul, und natürlich kehrt sie erneut ihr Innerstes nach außen und läßt uns sogar wissen, daß ihre (Film)tochter aufgrund ihres Versagens als Mutter an Drogen gestorben ist. Doch ein gutes Dutzend Schießereien, jede Menge toter Teenager und viele weitere Gewaltszenen ließen den (ansonsten nach eigenem Bekenntnis nicht zimperlichen) Filmkritiker von »USA Today« vom brutalsten Film seit Stallones *City Cobra* schreiben. Kein Wunder, denn das Drehbuch stammte immerhin mit aus der Feder von Dean Riesner, der bereits *Dirty Harry* so hart agieren ließ, daß sein Darsteller Clint Eastwood den Pressestempel »reaktionär« verpaßt bekam. Worum geht es nun in *Fatal Beauty*:

Detective Rita Rizzoli versucht, die Straßen von Los Angeles von Gesindel sauber zu halten. Sie sammelt mit Vorliebe Drogendealer ein und verfrachtet sie hinter schwedische Gardinen. Dabei hat sie eine bestimmte Technik entwickelt, die ihr sowohl im Police Department von Los Angeles wie der Unterwelt folgenden Ruf eingebracht hat: Sie schlägt erst zu und fragt dann ...

Derzeit ist sie auf der Jagd nach »Fatal Beauty«. Nicht etwa eine schöne, böse Lady, sondern vielmehr eine tödliche Versuchung für Junkies. »Fatal Beauty« ist nichts als der »Kosename« für eine tödlich wirkende Designerdroge, ein mit üblen Zusätzen gestrecktes Kokain, nach dessen Konsum es kein Erwachen aus den heißen Träumen mehr gibt. Mit jedem Tag werden mehr Opfer des Teufelszeugs bekannt. Rita glaubt bald, die Quelle, aus der der weiße Tod sprudelt, zu kennen, doch noch kommt sie nicht heran. Sie weiß, daß hinter dem Geschäft mit der Sucht der scheinbar seriöse und einflußreiche Geschäftsmann Conrad Kroll steckt, der in einer festungsähnlichen Villa in Beverly Hills wohnt und eine eigene kleine Armee unterhält. Der smarte Mike Marshak ist Chef dieses privaten Ordnungsdienstes, ein Mann, dem allerdings seine Anzüge

besser als sein Job passen. Ihm ist es gleichgültig, für wen oder was er arbeitet – Hauptsache, er macht sich nicht die Finger schmutzig. Seine zwangsläufige Begegnung mit Rita ist folgenschwer: Er beginnt, sich für die Frau und deren Job zu interessieren, viel mehr, als er gegenüber seinem Chef verantworten kann. Und Rita bringt ihn dazu, endlich einmal darüber nachzudenken, welch schmutzigem Geschäft er da eigentlich nachgeht – und siehe da, Marshak ist eigentlich gar kein »bad guy«, sondern ein Mensch, der im Grunde seines Herzens doch noch Gut und Böse auseinanderhalten kann.

Dafür hat Rita schon bald eine Menge Ärger am Hals, denn Kroll läßt gegen ihre Nachforschungen seine einflußreichen Beziehungen spielen und hetzt, nachdem das nicht nachhaltig fruchtet, seine Gorillas auf sie. Doch so leicht läßt sich Rita nicht einschüchtern: Je mehr Opfer »Fatal Beauty« kostet, desto entschlossener und wütender wird die Verfolgerin. Sie geht mit einem derartigen Elan an die Sache heran, daß ihr Partner Jimenez kaum folgen kann, und erhält in einer haarigen Situation plötzlich unerwartete Hilfe vom inzwischen geläuterten Gauner Marshak.

War *Die diebische Elster* eine Liebeserklärung der Filmemacher an San Francisco, so tut Tom Hollands Film *Fatal Beauty* das gleiche mit Los Angeles. »Wir zeigen die Millionenmetropole so, wie sie wirklich ist«, erläuterte der Regisseur, »irgendwie scheint es, als sei sie nur gebaut worden, um wieder zerstört zu werden. Irgendetwas wird dort immer gerade wieder abgerissen, um Neues dafür wiederherzustellen. In unserem Film sieht man die Stadt aus allen Blickwinkeln – den allerärmsten, aber auch den superreichsten.« Für den Regisseur ist diese Stadt wesentlicher Bestandteil für die zentrale Prämisse seines Films: »Drogen sind hier der große Equalizer. Wo immer sie landen, zerstören sie das Leben. Ich wollte zeigen, wie die Drogenszene wächst, wie sie sowohl in der Mittelklasse als auch bei der Upperclass Fuß gefaßt hat.«

Whoopi Goldberg, in Sachen Drogen selbst nicht

unerfahren, fügt hinzu: »Drogen killen. Das wollten wir mit diesem Film sagen.« Gerade in einer Umgebung, in der Arm und Reich so nahe zusammen liegen, in der nur ein winziger Funke das stets schwelende Feuer der sozialen Ungerechtigkeit zur Explosion bringen kann, in der nach einem Erdbeben die Geschäfte, deren Schaufensterscheiben zu Bruch gegangen sind, sofort geplündert werden, gerade hier wimmelt es von Menschen aller Schichten, die sich gerne mit Hilfe von Drogen der Realität entziehen.

Regisseur Holland wußte, warum er gerade mit Whoopi Goldberg zusammenarbeitete: »Sie haßt Drogen aufs Tiefste und sie haßt Menschen, die damit Geld machen. Ihre Vergangenheit hat sie so unerbittlich gemacht. Whoopi bringt einen unglaublichen Realismus in ihre Rolle mit ein, weil sie das Problem aus erster Hand kennt.«

Whoopi wollte auf keinen Fall eine weibliche Ausgabe von Supercop Martin Riggs alias Mel Gibson in *Lethal Weapon* darstellen, der ja immerhin in der gleichen Stadt den gleichen Job hat. »Sie ist eine einfache Beamtin mit Humor und Charme. Sie versucht, etwas von dem Müll, der sich auf den Straßen ansammelt, wegzuräumen. Ihr einziges Problem besteht darin, daß sie nicht mehr genügend Geduld gegenüber dem System aufbringen kann. Man muß sie immer wieder zurückhalten, während die Rauschgiftopfer wie die Fliegen sterben.« Den Actionfans unter den Whoopi-Verehrern sei hiermit allerdings versichert, daß es reichlich Szenen in *Fatal Beauty* gibt, in denen keinerlei Zurückhaltung geübt wird. Es geht mitunter so hart zu, daß der Film eher einem reiferen Publikum zugänglich sein sollte. Um ein Haar übrigens wäre der Streifen sogar in jenen Kinos gelandet, in denen nur das ganz schmuddelige Filmgut landet – jedoch aus einem ganz anderen Grund: Die einzige Liebesszene zwischen Polizistin Rita alias Whoopi und dem guten Bösen Marshak alias Sam Elliott geriet nämlich so heiß, daß die amerikanischen Sittenwächter dem Film daraufhin ein »X-Rated« aufdrücken wollten. Das bedeutet »geschlossener Kundenkreis, keine öffentliche Werbung – kurz Pornokino«. Schlimmer als die üblichen Gewaltorgien aber kann das gar nicht gewesen sein, denn in Amerika darf zwar reichlich gekillt, aber nicht geliebt werden. Ob man es glaubt oder nicht – die Szene wurde en bloc herausgeschnitten. Daß die beiden etwas miteinander hatten, ahnen wir jetzt nur, weil sie am nächsten Morgen noch zusammen sind ...

Sam Elliott, der den Marshak spielt, jenen »bad guy«, der sich schließlich auf die gute Seite schlägt, hat die Rolle »seinem Charme zu verdanken. Er ist einer der wenigen, die einen guten Bösen überzeugend darstellen können. Natürlich ist er nicht gerade ein Engel, aber etwas in seinen Augen drückt aus, daß er eigentlich anders ist«, meinte Regisseur Holland. Aus dem zunächst skrupellosen Zyniker wird ein netter Kerl, als er endlich jemanden kennenlernt, der nicht nur einfach in den Tag hineinlebt, sondern gegen die Ungerechtigkeit kämpft – nämlich Rita.

Ritas pedantischer Partner im Polizeidienst wird von Ruben Blades gespielt, der im Film ein positives lateinamerikanisches Image repräsentieren sollte, weil gerade in Los Angeles viele Verbrechen kurzerhand den Latinos angelastet werden, die irgendwann illegal die Grenze aus Mexiko überquerten. Ohne sie würde allerdings die komplette Wirtschaft in Kalifornien zusammenbrechen. Dienstleistungsbetriebe, Gastronomie und – inzwischen – der Polizeidienst in Südkalifornien sind ohne Einwanderer aus Lateinamerika nicht mehr vorstellbar. Blades: »Rita und ich, wir gehören beide einer Minorität an. Das bestimmt unsere Beziehung im Film zuein-

ander. Schwierigkeiten gibt es nur, wenn sie beschließt, wieder einmal auf eigene Faust zu handeln
und mich im Regen stehen zu lassen. So muß ich immer bemüht sein, sie aus dem heißen Wasser wieder
herauszuziehen.«

Für Janet Maslin, der Filmkritikerin der »New
York Times«, stellte sich angesichts dieses Films folgende Frage: »Kann eine Frau ebenso unerträglich
laut und macho sein wie ein Mann?« Sie stimmt ein
vernehmliches »Ja« an und vergleicht *Fatal Beauty*
für einen Moment mit Eddie Murphys *Beverly Hills
Cop* und stellt nur wenige Sätze später fest, daß
Whoopi ein solches Ausmaß an körperlicher Gewalt
in diesem Film eigentlich nicht nötig gehabt hatte:
»Es ist nicht ihr Fehler, denn immer dann, wenn
man ihr auch nur eine kleine Chance dazu gab,
ist sie wirklich witzig ... Sie ist hart, sie ist klug und
ihre Nerven verlassen sie nicht. Weder sie noch der
Film bräuchten Maschinenpistolen, um das zu
schaffen.« Und sie beendet ihre Kritik mit einem Re-
vuepassierenlassen jener Szenen, in denen Whoopi
ihrer Meinung nach Eddie Murphy aus *Beverly Hills
Cop* nachahmt: »Ignorieren Sie diese Szenen. Be-
trachten Sie lieber Whoopi Goldberg, wie sie in
einem Taftkleid als mädchenhafter Typ die Unterschiede zwischen sich und dem Rest der Welt erklärt
und diese Unterschiede zu ihrem Vorteil einsetzt.«

Whoopi selbst mochte auch nicht mit Eddie
Murphy verglichen werden: »Mich den weiblichen
Murphy zu nennen, ist ganz schön unfair. Wenn ich

weiß wäre, käme sicherlich niemand auf solch eine absurde Idee. Es gibt nur einen Eddie Murphy. Gott sei Dank.« Trotzdem – die Kritiker der meisten Branchenblätter beschrieben den Film als »Ripp Off« des Eddie-Murphy-Films, als Anhängen an den Erfolg eines anderen, den Whoopi eigentlich nicht nötig hätte. Der »Hollywood Reporter«: »Sie ist eine talentierte schwarze Darstellerin, die es aber wie alle starken Frauen im Film heutzutage schwer hat, das geeignete Film-Vehikel für sich zu finden ... Das exzessive Töten und die ungebremste Gewalt zerstören leider den guten Willen, der von ihrem Auftritt ausgeht.«

Fatal Beauty erwies sich auch an den Kinokassen als »fatal«: Regisseur Tom Holland konnte mit diesem Film nicht im entferntesten an seine Erfolge mit den Horrorfilmen *Child's Play (Die Mörderpuppe)* und *Fright Night – Die verrückte Nacht* anknüpfen – und Whoopi ist bei aller Zuneigung weder mit Eddie Murphy noch mit Mel Gibson zu vergleichen. Es schien zu stimmen – für starke Frauen wie Whoopi war es schwer, starke Rollen in Kinofilmen zu finden. Und so galt für sie stets, daß das Filmgeschäft nur ihr »zweites Standbein« sein sollte. Im Vordergrund standen auf jeden Fall ihre Fernsehauftritte und ihre Live-Touren.

Living on the Edge of Chaos nannte sie das Programm, mit dem sie 1987 durch die Lande zog und das auch vom Fernsehen übernommen wurde. Es zeigte eine One-Woman-Show, wie das Fern-

sehen sie von der »alten« Whoopi gewöhnt war: respektlos, chaotisch, selbstkritisch und radikal. Der politische Mensch Whoopi Goldberg wurde mit zunehmender Popularität immer aktiver und von »Greenpeace« bis zu diversen »AIDS«-Stiftungen gehörte sie bald vielen Organisationen an, gab Freivorstellungen und trommelte für die gute Sache. Der Gewaltvorwurf zu *Fatal Beauty* machte ihr wirklich zu schaffen, denn für sie war dies »reine Fiktion« und »ich wollte wirklich damit etwas bewirken«. Dennoch – es war wahrscheinlich nicht der richtige Film, um gute Vorsätze in die Tat umsetzen zu können. Besser gelang dieses Anliegen mit *Comic Relief*. In dieser Organisation tat sie sich mit ihrem Komikerkollegen Robin Williams zusammen (übrigens auch er hatte früher Drogenprobleme), und gemeinsam organisierten sie eine Fernsehshow, in der sie für die zahllosen Obdachlosen in Amerika auftraten. *Comic Relief* wurde eine der erfolgreichsten karitativen Fernsehshows in den USA und wurde von nun an jedes Jahr neu gesendet. Whoopi, Robin und einigen anderen Freunden gelang es, die Spendensumme immer wieder in neue Rekordhöhen zu treiben – insgesamt haben sie bis heute viele Millionen Dollar für diese wichtige Stiftung zusammengetragen. Nach wie vor gehört *Comic Relief* mit seiner begleitenden TV-Show in jedem Jahr zu den Höhepunkten amerikanischer Fernsehunterhaltung.

In diese Zeit fiel auch eine private Veränderung

bei der Darstellerin – sie hatte sich in den holländischen Kameramann David Claessen verliebt und ihn am 1. September 1986 in Las Vegas kurzerhand geheiratet: »Warum nicht?«, erklärte sie Freunden die spontane Entscheidung, »wir lieben uns«. Eine Woche später gab es im Haus eines Freundes eine große Hochzeitsparty, an der Leute wie Barry Manilow, Penny Marshall, Kenny Rogers, Mel Gibson, Robin Williams und Cher teilnahmen. »Ich hab' so ein Gefühl, daß zwischen denen irgendwas passiert«, unkte James Woods auf ebendieser Feier zweideutig.

Whoopis nächster Kinofilm sollte noch immer nicht der große Hit werden – wieder einmal kam es zu einem kommerziellen Totalverlust, der sich nur deshalb in Grenzen hielt, weil die Herstellungskosten moderat waren. Der Film heißt *The Telephone*, in wenigen deutschen Kinos lief der Film später unter dem unzutreffenden Titel T*elefon-Terror*, unter dem er auch in die Videotheken ausgeliefert wurde.

Vashti Blue ist eine ebenso talentierte, wie exzentrische und deshalb arbeitslose Schauspielerin. Sie liebt es, mit Menschen am anderen Ende der Telefonleitung zu kommunizieren und ruft ständig alle möglichen Leute an. Eine seltsame Mischung aus Freunden, Bekannten und Wildfremden geht auf diese Weise in ihrer kleinen Wohnung ein und aus und sie sorgen für Spaß, Lachen und Tränen und schließlich dafür, daß die angeknackste Persönlichkeit von Vashti Blue überhaupt Kontakt zur Außen-

welt hat. Manche ihrer Gesprächspartner beschimpft sie, manchen erzählt sie liebevoll Geschichten, wieder andere haben das Gefühl, es mit einer Ausländerin zu tun zu haben, denn sie imitiert die aberwitzigsten Dialekte.

Blue kämpft einen ständigen Kampf gegen alles Etablierte, unter anderem gegen Ex-Agenten, ihren letzten Schützling Honey Boxe oder einfach gegen ihren Nachbarn in der Wohnung nebenan, der sich über den gelegentlichen Lärm bei ihr beschwert. Manchmal, so scheint es, sind ihre einzigen Freunde die geliebten Haustiere, eine Eule und ein Goldfisch. Klar, daß sie mit der Eule spricht und mit dem Goldfisch in die Badewanne geht.

Bedingt durch ihren relativ hohen Lebensstandard ist sie pleite – aber selbst als man ihr den Strom abdreht, hält sie in ihrer Wohnung durch und organisiert

sich aus dem Treppenhaus illegal Energie. Sie will
nicht aufgeben, gleichgültig, wie die Umstände auch
sein mögen. Doch alles kommt noch viel schlimmer:
Der Mann der Telefongesellschaft beschimpft sie und
will ihr schließlich den Telefonapparat wegnehmen –
ihre letzte und einzige Verbindung zur Außenwelt.
»Was wollen Sie überhaupt? Dieser Apparat ist seit
Monaten tot! Mit diesem Apparat können sie schon
lange nicht mehr mit anderen Menschen gesprochen
haben.« Mit dem Küchenmesser ersticht Vashti Blue
den Ahnungslosen und greift erneut zum Telefon:
»Hallo, Polizei! Diesmal habe ich etwas wirklich Böses
getan . . .«

Robert Katz und Moctesuma Esparza, die beiden
Produzenten des Films (später produzierten sie Red-
fors *Milagro*) wußten nach eigenen Angaben zu Be-
ginn der Dreharbeiten noch nicht so genau, was bei
diesem Werk herauskommen würde. Was als Tragi-
komödie beginnt, wird bald zur dramatischen
Komödie mit tragischen Momenten. Katz: »Wir
wußten, daß die Geschichte hochdramatisch ist,
aber da ist dennoch ein großes Unterhaltungspoten-
tial in der Geschichte. Wir wollen, daß die Leute sich
eine ganze Zeit lang die Bäuche halten vor Lachen,
daß sie weinen und schockiert sind und selbst über
Leben und Tod nachdenken. Und natürlich sollen
sie Spaß haben.« Der Spaß blieb den Zuschauern allerdings im Halse stecken – denn man beginnt
schnell zu ahnen, daß diese Geschichte nicht für ein
Happy-End gemacht ist.

Da Whoopi in San Francisco lebte, wollten die beiden Produzenten den Film auch dort drehen. Den Kontakt zu der Schauspielerin versuchten sie zunächst über eine private Verbindung. Sie nahmen Kontakt zu David Claessen auf und boten ihm an, die Kameraführung in dem Film zu übernehmen. Doch allein von ihrem Ehemann ließ sich Whoopi nicht ködern. Dazu bedurfte es des Autors Terry Southern, der bereits an illustren Filmen mitgearbeitet hatte, darunter *Dr. Seltsam*, *Easy Rider* und *Barbarella* und des Sängers Harry Nilsson, der unter anderm mit »Without Her« und »Space Man« Hits hatte. Southern erzählt: »Harry hatte die Idee einer arbeitslosen Schauspielerin, die ständig mit Leuten in verschiedenen Akzenten und Dialekten telefoniert. In New York schrieben wir zusammen das Drehbuch. Später in Los Angeles waren wir mit ganz anderen Dingen befaßt, als wir eines Nachts in der Tiefgarage des Hotels ›Chateau Marmont‹ zufällig Whoopi trafen und mit unserem Wagen auf ihre Stoßstange knallten. Es ergab sich ein Gespräch und ich wußte – das war die Idealbesetzung für unsere New Yorker Idee.« Southern und Nilsson drückten also Whoopi am nächsten Tag 60 Manuskriptseiten in die Hand und fuhren wieder nach New York. Wenig später kam ein Telegramm: »Ich liebe es! Wann?«

Und als Rip Torn, der Schauspieler, der in Filmen wie *Time Limit*, *Nadine*, *König der Könige* und *Cross Creek* (Oscar-Nominierung) und Dutzenden anderen Filmen mitwirkte, die Regie übernommen

hatte, sagten Whoopi und Ehemann David endgültig zu. Auch die anderen Darsteller des Films waren allesamt Whoopi irgendwie verbunden, was die Dreharbeiten sozusagen zu einer persönlichen Angelegenheit unter Freunden machte: Severn Darden, der den Max spielt, hatte mit Whoopi bereits in einem kleinen, vom Staat Kalifornien produzierten Werbefilm gegen die Folgen der Einsamkeit gespielt und agiert nun in einer Minirolle als alternder Entertainer, der nur noch in Supermärkten der Nachbarschaft auftritt. Elliot Gould, einer der großen Darsteller Hollywoods, war Whoopi noch einen Gefallen schuldig – einige Monate zuvor hatte er Whoopi überredet, für ein Drogen-Rehabilitationsprogramm der jüdischen Organisation Chabbad aufzutreten, dafür mußte er nun in *The Telephone* den Ex-Agenten von Vashti Blue spielen, der auch noch ihr letztes Bier trinkt, ihre letzte Zigarette raucht und dann unter hysterisch-lustigen Umständen verjagt wird. Den unglücklichen Telefonmann spielte John Heard *(After Hours)*, die Begleiterin des Agenten Amy Writht *(Breaking Away)*.

The Telephone war mehr oder weniger ein verfilmtes Theaterstück, das praktisch nur in Blues Wohnung spielt. Der Film wurde für ein vergleichsweise minimales Budget produziert, alle Beteiligten waren mit großem Enthusiasmus dabei. Die Voraussetzungen für einen künstlerischen Erfolgsfilm waren also offenbar gegeben. Doch das Konzept des Films ging aus einer Reihe von Gründen nicht auf:

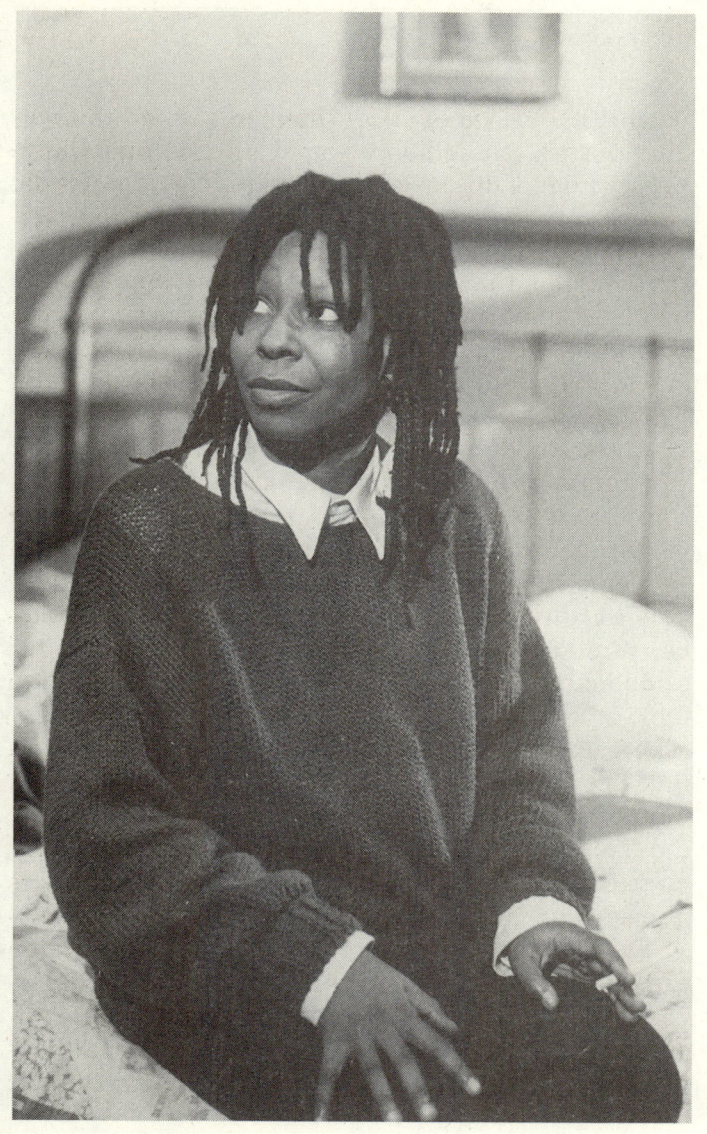

Vashti Blue ist längst nicht eine so starke Frau wie ihre Darstellerin Whoopi – und dies ist auch nach Ansicht der Kritiker das größte Manko des Films: »Whoopi gelingt es einfach nicht, uns von Vashtis Verletzlichkeit zu überzeugen. Erst zum Schluß wissen wir, was für einen zerbrochenen Charakter sie wirklich spielt«, schrieb Keven Thomas von der »Los Angeles Times«, »aber sie tut die ganze Zeit viel stärker als sie ist, und deshalb verlieren wir die Sympathie zu ihr.«

Amerikas Showblatt Nr. 1, »Variety«, ging noch viel herzloser mit Whoopi um: »Diese Geschichte ist so dünn, daß man sich fragt, warum überhaupt erwogen wurde, den Film zu produzieren. So etwas tun sich doch höchstens Masochisten an.« Und in der Tat, die endlosen Monologe von Whoopi Goldberg sind über weite Teile des Films langweilig und ermüdend – den wenigen guten Witzen und Gags fehlt es am richtigen Timing. Die japanischen, indischen und irischen Akzente kommen unmotiviert, und mit Wortspielen wie »The Dance of the Seven Flatulencies« (Der Tanz der sieben Fürze) konnte sie die kalten Rezensentenherzen auch nicht erwärmen. Wer solchen Humor versteht, geht nicht in einen solchen Film – das ist das Problem.

Es lief nicht besonders mit Whoopis kinematographischem Engagement und von einer weiteren Oscar-Nominierung schien sie weiter entfernt als je zuvor. Doch sie wollte als Filmschauspielerin anerkannt werden und kämpfte mit allen Mitteln für den

Erfolg. Bei *The Telephone* hatte sie immerhin das Gefühl, von der Unerfahrenheit des Regisseurs um das Recht, selbst an der Nachbearbeitung des Filmmaterials mitwirken zu dürfen, betrogen worden zu sein. Am höchsten Gericht von Los Angeles verklagte sie Rip Torn auf nicht weniger als fünf Millionen Dollar Schadensersatz. Sie legte einen Vertrag vor, der ihr dieses Recht auf eine eigene Version des Films zubilligte und gab bekannt, daß auch Katz und Esparza, die beiden Produzenten, sowie die Produktionsfirma »New World« ihre Version des Films bevorzugt hätten. Rip Torn aber hatte unterdessen die »Directors Guild«, also die Vereinigung der Regisseure, angerufen und um Schlichtung gebeten. Die hatte ihm recht gegeben, woraufhin »New World« es doch unterließ, eine eigene Version des Films herauszugeben – es schade der Firma. Das waren schließlich genug Gründe für das Gericht, Torn ebenfalls Recht zu geben und Whoopi keinen Schadensersatz zuzubilligen. Die Richter stellten sogar fest, daß Torn Whoopi angeblich sogar Gelegenheit gegeben hätte, mit ihm zusammen den Film zu bearbeiten. Whoopi habe diese Gelegenheit aber nicht wahrgenommen. Nun sei es dafür zu spät. Wie auch immer, fast alle, die *The Telephone* gesehen haben (es waren allerdings nicht so viele) waren sich einig, was Whoopis Klage anging: »Es ist schwer vorstellbar, daß ein Neuschnitt an diesem Film etwas geändert hätte.« Und: »Der Schnitt war nicht das Problem dieses Films.«

Whoopi selbst gab sich verschnupft angesichts dieses dritten Flops in Folge – immerhin sah sie *The Telephone* als sehr persönlichen Film an und fuhr nach Baltimore, um dort an *Claras Geheimnis (Clara's Heart)*, einem neuen Werk, zu arbeiten. Zuvor allerdings absolvierte sie noch einen Gastauftritt in der TV-Serie *Tales From the Crypt* (in der Episode »Dead Wait«) nach dem Motto: Wenn die Kinokarriere bisher schon der reinste Horror war, wollte sie wenigstens einmal im Fernsehen in einem richtigen Horrorfilm mitspielen ...

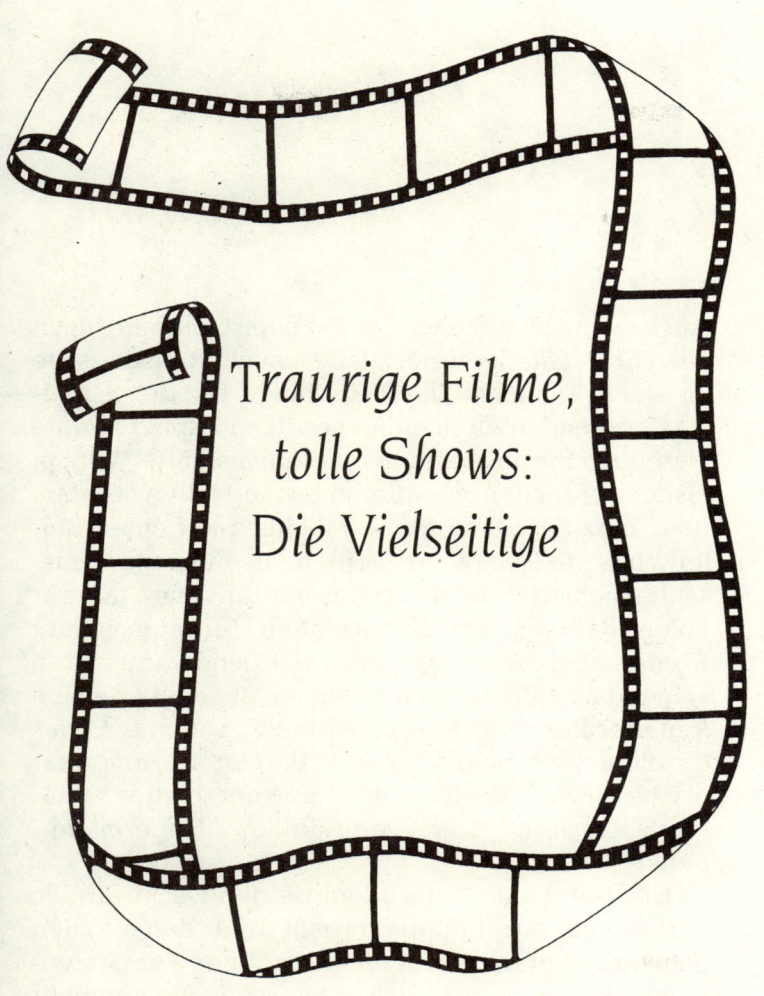

Traurige Filme,
tolle Shows:
Die Vielseitige

Auch wenn die Filme, die Whoopi Goldberg nach *Die Farbe Lila* drehte, fast alle sowohl künstlerische als auch kommerzielle Tiefschläge für die Schauspielerin bedeuteten, einen positiven Aspekt konnte man auch hierin sehen: Es schien, als hätte Whoopi bisher vermieden, was den meisten Hollywoodstars über kurz oder lang blüht – nämlich auf einen Rollentypus festgelegt zu werden, in dem man ausschließlich erfolgreich ist. Das hat für viele Stars zur Folge, daß sie über einen langen Zeitraum immer wieder die gleiche Rolle spielen. Irgendwann in den »mageren« Jahren machte Whoopi gegenüber einem Reporter ihrem Ärger einmal Luft: »Sehen Sie, was für Rollen spielen schwarze Frauen im amerikanischen Kino denn sonst? Entweder Nutten, mißbrauchte Frauen oder grundgütige Negermamis. Sehen Sie!«

Doch drei Jahre, nachdem sie den Oscar für *Die Farbe Lila* nur knapp verpaßt und danach den Schwur getan hatte, auf die Darstellung von Stereotypen, seien sie weiblich oder schwarz, nunmehr verzichten zu wollen, ließ sich Whoopi nun doch wieder auf einen Film ein, der diese Merkmale besaß – hatte aber die Gelegenheit, damit endlich wieder alle Register ihres wirklichen Könnens zu ziehen. »Es geht hier um den Wandel vom Jüngling zum Mann. Es geht darum, jemanden ziehen zu lassen und damit fertig zu werden, was geschehen ist.« So charakterisiert Whoopi Goldberg ihren ernstesten und wichtigsten Film, seit sie die Celie in Spielbergs Alice-Walker-Verfilmung gespielt hatte. *Claras Geheimnis* erzählt folgende Geschichte:

Clara Mayfield tritt in das Leben der amerikanischen Familie Hart, als Leona und Bill Hart auf die Karibikinsel Jamaika flüchten, um nach dem tragischen Tod ihrer kleinen Tochter wieder zu sich zu finden. Doch Leona ist in ihrem Schmerz gefangen – erst die Begegnung mit dem schwarzen Zimmermädchen Clara, einer lebensklugen Jamaikanerin, die intuitiv die richtigen Worte findet, befreit sie aus ihrer Erstarrung. Als neugewonnene Haushälterin folgt Clara den Harts in die Staaten und in ein großzügiges Anwesen vor den Toren Baltimores. David allerdings, der 12jährige Sohn des Hauses, ist nicht so leicht zu gewinnen wie seine Mutter – er hat den Verdacht, daß seine Eltern ihre Verantwortung auf eine Ersatzmutter abschieben wollen. Und tatsächlich signalisiert die Ankunft Claras, daß im Leben der Harts einschneidende Veränderungen bevorstehen. Das Ehepaar muß sich eingestehen, daß alle Liebe erloschen ist. David aber, der an der

Schwelle zur Pubertät steht, hat große Schwierigkeiten damit und ist weitgehend orientierungslos. Clara begreift seinen Schmerz und toleriert seine Kränkungen. Mit jedem Tag, den der weiße Junge und die schwarze Haushälterin unter einem Dach verbringen, verringern sich die Reibungspunkte, wächst die Zuneigung der beiden zueinander. Beinahe unmerklich wird David in Claras faszinierende andere Welt hineingezogen. Sie macht ihn mit der Kultur ihrer Heimat vertraut und lehrt ihn den Dialekt der Jamaikaner, das Patois, perfekt zu imitieren – zur Freude der karibischen Kolonie in Baltimore, *in die ihn Clara wie selbstverständlich einführt.*

Den gemeinsamen anregenden Wochenendausflügen zu Claras munterer Freundin Blanche, die David wie Expeditionen in eine andere Welt erscheinen, stehen die ernüchternden Tage in dem großen Herrenhaus an der Küste gegenüber. Als ohnmächtiger Zaungast muß er miterleben, wie die Ehe seiner Eltern endgültig zerbricht. Ohne Atempause wenden sich Bill und Leona neuen Partnern zu, die ihre ganze Aufmerksamkeit gefangen nehmen. Bei Clara findet der Junge die liebevolle Zuwendung, die ihm die Eltern vorenthalten. Doch auch diese Freundschaft ist Zerreißproben ausgesetzt. Angestachelt von Claras langjähriger Widersacherin Dora, die inzwischen ebenfalls zur jamaikanischen Gemeinde Baltimores gehört, versucht

David auf eigene Faust hinter das dunkle Geheimnis zu gelangen, mit dem Clara seit langem wie unter einem Fluch lebt. Das Vertrauen zwischen beiden ist zerstört. Nach einer weiteren Konfrontation mit Dora weiht Clara den Jungen schließlich in die Tragödie ihres eigenen Lebens ein: Sie hatte selbst einen Sohn und geriet in Streit mit ihm, nachdem er eine Nachbarin vergewaltigt hatte, die ihn allerdings zuvor mißbraucht hatte. Clara hatte ihm damals gesagt, daß er große Schuld auf sich geladen habe, woraufhin der Sohn sie ebenfalls vergewaltigte und sich danach in den Tod stürzte ...

Als David vor die Wahl gestellt wird, seiner Mutter und deren neuem Freund nach Kalifornien zu folgen oder beim Vater in Baltimore, also in Claras Nähe, zu bleiben, kommt es zum offenen Konflikt. David fühlt sich von der Weggefährtin, die ihm rät, seine Mutter zu begleiten, im Stich gelassen. Enttäuscht zeigt er ihr seine Verachtung. Zwei Jahre später besucht David Clara in einem Krankenhaus in Baltimore, wo sie die jüngsten Patienten mit Spielen und Liedern unterhält ...

Der Regisseur Robert Mulligan, der bereits so ergreifende Filme wie *Wer die Nachtigall stört* mit Gregory Peck, *Verdammte süße Welt* mit Natalie Wood und Robert Redford und *Verliebt in einen Fremden* mit Steve McQueen inszenierte, äußerte sich über das Drehbuch zu *Clara's Heart*, das übrigens Mark Medoff *(Gottes vergessene Kinder)* nach dem 1985 erschienenen Roman von Joseph Olshan geschrieben hatte: »Es war eines der besten Scripts, die ich seit langem gelesen hatte. Clara ist klug, stark und reaktionsschnell. Sie hat Stolz, und sie hat vor allem Würde. Und sie ist mit einer Portion Humor gesegnet, der ihr oft hilfreich ist.« Und er ist voller Respekt und Achtung für seine Hauptdarsteller, darunter speziell Whoopi Goldberg und den jungen Neil Patrick Harris, der als David ein beachtliches Darstellerdebüt gab und sein Publikum zu rühren verstand. Auch Whoopi drückte beachtlich auf die Tränendrüsen, legte aber mit ihrem Porträt der Clara die beste ernste darstellerische Leistung seit der »Celie« hin – und dies, obwohl sie sich in solchen Rollen eigentlich nicht mag. Will das Publikum sie tatsächlich als schwarze »Nanny« mit hellseherischen Fähigkeiten sehen? Oder sind es doch die kunstsinnigen Kritiker, die Whoopi diese Rolle aufdrücken? Sheila Benson von der »Los Angeles Times« sah es so: »Endlich ein Projekt, das nicht Whoopis warme und einzigartigen Talente verschwendet. Das allein sind schon wunderbare Neuigkeiten.« Andern wiederum war der Film viel zu schwülstig und melancholisch, sie geben jedoch zu, daß Whoopis spontane und ehrliche Exzentrität das Überzeugendste war, was sie seit *Die Farbe Lila* im Kino geboten habe. James Cameron-Wilson umschrieb es wohl am treffendsten in »Film Review«: »Gleichgültig, ob man sie liebt oder haßt – ihre unglaubliche Energie muß man bewundern.«

Die eindrucksvollen Bilder von *Claras Geheimnis*

sind einem der besten Kameramänner der Filmgeschichte zu verdanken: Freddie Francis verlieh vielen Filmen von Joseph Losey, Jack Clayton und Karel Reisz und auch David Lynch seine Handschrift.

So zurückhaltend und ernst sie sich in *Claras Geheimnis* gab, so sehr ließ Whoopi Goldberg all ihren Gedanken und Gefühlen bei ihrer neuen Schallplatte und der begleitenden neuen Fernsehshow freien Lauf. *Fontaine ... Why I'm Straight* verfolgt die Geschichten ihrer alten Paraderolle »Fontaine« aus der *Spook Show* weiter. Zum ersten Mal seit Jahren ist Fontaine völlig drogenfrei und erlebt nun die Welt um sich herum als halluzinatorischen Alptraum. Mit dem »klaren Blick eines Ex-Junkies« beobachtet er die Welt von einem Rennen um die Präsidentschaft bis hin zu den Behandlungsmöglichkeiten für Aids. Fontaines Kommentare sind beißend radikal, aber zutreffend – und Whoopi bleibt unabhängig bis zur Selbstaufgabe, stellt sich auf niemandes Seite, prangert unbarmherzig Mißstände an, gleichgültig, wer immer dafür verantwortlich ist. Ihr Geheimnis ist, daß sie einfach sagt, was viele instinktiv fühlen, aber fast niemand auszudrücken vermag. Und sie bringt die Menschen wirklich zum Lachen und dazu, daß sie sich einfach gut fühlen. Die *Fontaine*-Tour wird ein voller Erfolg und die dazugehörige Schallplatte ebenfalls. Während der Tournee gibt es erneut ein Ein-Stunden-Special beim Privatsender »HBO«, das ebenfalls sehr hohe Einschaltquoten verbuchen kann.

Es gibt gesundheitliche und private Rückschläge: Während der Tournee muß Whoopi plötzlich ins Krankenhaus – eine Infektion befällt mehrere innere Organe; es dauert viele Wochen, bis sie sich vollständig erholt hat. Auch ihre Ehe mit David Claessen scheitert. »Das hätten wir uns sparen können«, meinte sie rückblickend, andererseits: »Ich bereue nichts. Schließlich wußte ich, was ich tat – im Gegensatz zu meiner ersten Ehe.« Als ihre Gesundheit wiederhergestellt ist, hat sie auch einen neuen Freund. Es ist Eddie Gold, der Kameraassistent von Freddie Francis bei *Claras Geheimnis*. Ihn lernt sie in Baltimore kennen, und mit ihm verbringt sie die Zeit, in der sie nicht gerade an neuen Film- und Fernsehprojekten arbeitet oder zum Beispiel eine Protestdemonstration gegen ein neues Anti-Abtreibungsgesetz der US-Regierung organisiert. Sie arbeitet wie eine Besessene, tritt sehr häufig in Veranstaltungen zum Schutz von Menschenrechten auf und engagiert sich immer stärker politisch. Doch auch hier geht manches schief: Sie entwickelt eine Cartoonserie mit dem Titel *Whoopis World*, mit der sie viele ihrer Aktivitäten auf eine populäre Basis stellen möchte – und findet keinen Produzenten dafür.

Whoopi Goldberg setzt sich für ein Filmdrehbuch mit dem Titel *Louisiana Black* ein, in dem ein Mädchen herausfinden will, wer ihren Vater gelyncht hat. Doch niemand gibt ihr die erforderlichen fünf Millionen Dollar, die sie gebraucht hätte, um den Film anzukurbeln. »Die haben nur gesagt: Mach' doch eine Rachegeschichte daraus. Gib dem Mädchen eine große Kanone in die Hand – dann machen wir's.« Und so starb das Projekt, denn Whoopi wollte nicht nur in diesem Film spielen, sondern auch dazu stehen. Die Erfahrungen der letzten Jahre waren nicht dazu angetan, ihre generelle Meinung vom Filmbusiness hoch einzuschätzen: »Nur hinter *Die Farbe Lila* und *Claras Geheimnis* kann ich voll stehen«, sagte sie zu dieser Zeit: »Glücklicherweise haben mich die Kritiker nie richtig fertiggemacht. Immer haben sie geschrieben: ›Wir sollten sie noch nicht ganz fallenlassen. Vielleicht macht sie noch einmal etwas Großes.‹ Und wahrscheinlich werden mir im Leben noch einige große Sachen gelingen.« Weder ihre prophetische Gabe noch ihr weiter erstarkendes Selbstbewußtsein sollten sie enttäuschen ...

Ihre nächste Bühnentour, die den Titel *Living on the Edge of Chaos* trägt, wird verschoben, weil sie mit den Dreharbeiten zu einem neuen Film begonnen hat. Der russische Regisseur Andrej Konchalovski, der einst in seiner Heimat mit *Siberiade* bekannt wurde und in den USA dann Filme wie *Maria's Lovers* und *Runaway Train* drehte, wollte gerne mit ihr und James Belushi die Geschichte von *Homer und Eddie* drehen:

Homer Lanza ist seit einem tragischen Unfall vor 20 Jahren geistig behindert. Ein Baseball, der ihn einst am Kopf getroffen hat, machte ihn zu einem

gutmütigen, naiven Mann, der es viel schwerer hat
als andere Leute, Zusammenhänge zu begreifen.
Sein Leben – den kindlichen Kopf voller Tagträume,
in denen er sich als gefeierter Baseballstar oder um-
jubelter Gigolo sieht – spielt sich in einem kleinen
Ort in Arizona ab. Eines Tages sieht er sich gezwungen, den Ort zu verlassen: Als er erfährt, daß sein
Vater im Sterben liegt, macht er sich per Anhalter
auf den Weg, ihn ein letztes Mal zu sehen. In diese
Reise legt er alle Hoffnungen, da er seine Eltern seit
seinem Unfall nicht mehr gesehen hat. Doch die
Reise verläuft anders als geplant: Gleich von den ersten beiden Leuten, die seinen Weg kreuzen, wird
er ausgeraubt. Vollkommen pleite verbringt er die
Nacht deshalb in einem Auto, das er am Straßen-
rand stehen sieht. Der Wagen gehört Edvina Cervi,
einer rauhen, aber herzlichen Frau, die sich »Eddie«

nennt. *Auch sie hat ein Problem: In ihrem Kopf wächst ein Tumor und sie hat nur noch wenige Wochen zu leben – sagt sie. Sie verspricht, Homer nach Oregon zum Vater zu bringen – eine verrückte Reise nimmt ihren Anfang.*

Auch wenn die Krankheit Eddie manchmal zum Ausflippen bringt – meistens kümmert sie sich jedoch um das Wohlergehen Homers. In einem Bordell soll er endlich seine ersten sexuellen Erfahrungen machen und in rührender Weise diskutieren sie ihre eigene Existenz, Gott und den Tod. Eddie besorgt die Verpflegung – und Homer ahnt nicht, daß sie das Geld hierfür bei nächtlichen Raubzügen beschafft, bei denen sie Schnapsläden überfällt. Eines Nachts erschießt sie ohne erkennbaren Grund eines ihrer Raubopfer – die Krankheit hat für Momente ihr Denken ausgeschaltet. Sie spürt, daß das Ende naht und möchte, ebenso wie Homer, ein letztes Mal ihre Familie sehen. So fährt das Duo einen Umweg über Oakland und findet dort Eddies Mutter vor einem bereits ausgehobenen Grab sitzen, sehnsüchtig den Tod erwartend. Und nun begreift selbst der unbedarfte Homer: Eddies Krankheit ist vererbt, sie entstammt einer Familie von Geisteskranken und ist offensichtlich aus einer geschlossenen Anstalt geflohen.

Irgendwann kommt das bizarre Paar in Oregon bei Homers Familie an, doch zu spät – sein Vater ist seit zwei Tagen unter der Erde. Dennoch – Homers Mutter nimmt ihn mit überraschender Herzlichkeit wieder auf, alte Freunde erinnern sich an ihn und er bekommt sogar einen Job angeboten. Nun hat Homer nur noch einen Traum: Ein Leben mit Eddie. Doch die ist wieder auf dem Weg zu einem Schnapsladen, die Waffe in der Tasche ...

Konchalovskis Roadmovie war eine rührende Idee. Auch hat der Film eine Reihe schöner Momente – doch gelang es dem Russen nicht, auch nur im Ansatz so überzeugend mit seinem komplizierten Thema umzugehen, wie zum Beispiel Barry Levinson mit *Rain Man*. Das Problem von *Homer und Eddie* ist, daß die beiden Hauptpersonen ständig in naive philosophische Diskussionen verstrickt sind, die die Geschichte nicht weiterbringen. Beide Hauptdarsteller sind bekanntlich hervorragende Komiker, die zwar in Parodien und Satiren Menschen mit Behinderungen glaubwürdig darstellen – wenn es aber ernst wird, nimmt man ihnen das nicht recht ab. So stottern sich zwei Minderbemittelte durch Amerika, jeder seinem vorhersehbaren Schicksal entgegen. »Es wird einem schwer gemacht, Sympathie für diese beiden zu entwickeln«, schreibt »Variety«, »das Bild zweier unterprivilegierter Leute in einer grausamen Welt ist eher aufgesetzt als überzeugend.« Leider ebenso vorhersehbar war auch das Schicksal dieses Films, der zum kommerziellen Scheitern verurteilt war. Nach seiner Fertigstellung fand sich lange kein Verleiher, der ihn überhaupt herausbringen wollte. Im Ausland widerfuhr *Homer und Eddie* ein ähnliches Schicksal – es dauerte lange, bis er überhaupt in die Kinos kam und dann mochten ihn nur wenige Menschen sehen.

Nichtsdestotrotz war der Film für Whoopi Goldberg eine spannende Erfahrung, die sie zurückschauend nicht missen möchte. Zum einen hatte sie wieder gegen jedes »Typecasting« angekämpft und eine Rolle gespielt, die sie aus Prinzip mochte und zum anderen war es die Zusammenarbeit mit einem Kultregisseur wie Konchalovski, der so völlig anders arbeitete als die professionellen amerikanischen Kino- und TV-Leute. Die Rolle der Edvina war überdies eine spannende Abwechslung in einer Zeit, in der Whoopi hauptberuflich eine ganz andere Rolle spielte: die der Roboter-Barkeeperin Guinan in der Fernsehserie *Star Trek – The Next Generation* nämlich. »Ich war schon immer ein Trekkie«, bekannte sie angesichts der neuen Folgen um die Crew des Raumschiffs Enterprise, »und deswegen wollte auch ich einmal dorthin gehen, wo niemals ein Mensch hingekommen ist ...« Warum eigentlich? »Dies ist die einzige Science-fiction-Serie, in der von Anfang an schwarze Leute mitspielten. Jeden Donnerstagabend habe ich eingeschaltet und es war wie im Himmel.« In die Serie hinein kam sie nicht anders als zu Spielbergs Film *Die Farbe Lila*: »Ich wollte da mitmachen. Ich habe zweimal angefragt.« Einmal sandte sie dem Darsteller LeVar Burton eine Botschaft, mit der Bitte diese an die Produzenten weiterzuleiten. Eine ganze Weile geschah nichts. Dann fragte sie wieder: »Ich versuche seit langem, hier eine Rolle zu kriegen.« Sie antworteten ihr, daß Burton zwar gefragt habe, daß man aber diese Anfrage keineswegs ernst genommen habe. »Die glaubten einfach nicht, daß ich da mitmachen wollte. Dann haben sie gefragt, an wievielen Episoden ich denn mitwirken wolle. Ich sagte, natürlich nicht an allen, aber wenigstens an einigen. So haben sie diese Rolle kreiert und diese Bar gebaut.«

Gene Roddenberry, der geniale Erfinder der Ur-Enterprise und langjährige Produzent wollte mit der Verpflichtung von Whoopi wirklich eine neue Generation einleiten: »Ihre darstellerischen Fähigkeiten überzeugten uns derart«, meinte der Mentor der Serie einmal, »daß wir jemanden in einer ungewöhnlichen Rolle verpflichten wollten. In einer für uns alle völlig ungewohnten, anderen Umgebung, von der wir lange nicht wußten, wie die aussehen sollte. Aber erst, nachdem sie selbst Interesse gezeigt hatte, bauten wir diese Grundidee aus.« Es war eigentlich ganz einfach: Bisher kannten die Fans der Serie ihre Helden von der »Enterprise« immer nur im Dienst, in der Kommandozentrale des Schiffes oder im Einsatz. Eine Bordbar, an der die Crew auch einmal ihre privaten Probleme diskutierte, gab es bis dahin nicht. Nun, vielleicht hatte man vorher einfach nicht den Barkeeper, mit dem es sich gelohnt hätte, solche Gespräche zu führen. Das sollte sich jetzt ändern. Whoopi über ihre Rolle: »Ich bin ein bißchen wie Yoda in *Krieg der Sterne*. Sehr alt und sehr weise. Besonderen Spaß machte ihr offensichtlich die Zusammenarbeit mit dem »Enterprise-Offizier« Patrick Stewart: »Der hat vielleicht nicht so viele Haare – aber mein Gott, ist der Mann sexy.« Whoopi spielte die Rolle der Guinan in vier aufeinanderfolgenden Staffeln der Serie – insgesamt immerhin über 30 Auftritte in Fernsehfolgen. Das Publikum war begeistert von der Serie und als Whoopi durch *Ghost* jenen bekannten Popularitätsschub erhielt, stiegen auch die Einschaltquoten der zweiten Staffel der Serie, in denen sie mitwirkte.

My Part Is My Own hieß ein reines Kinderspecial, das Whoopi für den CBS als »Schoolbreak-Special«, also als Sendung zum Schulbeginn für die ganz Kleinen, realisierte. Es kam so gut an bei den kleinen und großen Zuschauern, daß es mit dem »Emmy« für Vormittagssendungen ausgezeichnet wurde. Apropos Kinder: Whoopi Goldberg erfuhr im Herbst 1989, daß ihre Tochter Alexandra schwanger war – mit nur 15 Jahren: »Sie will das Kind und sie soll es haben«, sagte die frischgebackene Oma Whoopi später der Presse. »Ich hätte wahrscheinlich aus meiner heutigen Erfahrung heraus anders entschieden ... Erst einmal war ich sauer. Aber Wut hilft da nicht weiter.«

Wut half auch bei einer weiteren TV-Aktivität Whoopis nicht viel. Ein Fernsehfilm namens *Kiss Shot*, den sie ebenfalls für CBS gedreht hatte und der im April 1989 ausgestrahlt wurde, mußte unter der Rubrik »Flops« verbucht werden. *Kiss Shot* erzählt die Geschichte einer alleinstehenden Mutter, die in wenigen Wochen eine Zinsrate von 7.500 Dollar zurückzahlen muß. Doch sie hat das Geld nicht und einer Arbeitslosen gibt die Bank auch keinen neuen Kredit mehr. Da sie hervorragend Poolbillard spielt, tingelt sie durch merkwürdige Bars und Kneipen und versucht, das Geld am Billardtisch zu gewinnen. Ein »Kiss Shot« ist übrigens ein Billardstoß, bei dem die Kugel durch eine andere angetickt wird und dadurch ins Loch fällt. Irgendwie schafft die Protagonistin den Sieg – aber die TV-Kritiker, die sich das Werk überhaupt zu Gemüte geführt hatten, bemängelten die Abwesenheit jeder Spannung, jedes Konflikts und jeder ernsten Auseinandersetzung mit dem Thema. Eine dünne Liebesgeschichte drumherum und ein sogenannter Spezialeffekt, bei dem Whoopi als Poolspielerin von vier unterschiedlich postierten Kameras auf einem viergeteilten Fernsehschirm beobachtet werden kann, machte aus dem Filmchen keinen Erfolg. »That was not a kiss shot«, schrieb »USA Today« treffend, »that was a cheap shot (das war ein billiger Schnellschuß).«

Wenn Whoopi sich über Mißerfolge ärgert, hat sie das gleiche bewährte Mittel dagegen wie viele andere Menschen: Sie stürzt sich wieder in die Arbeit – das ließ auch jetzt ihre schlechte Laune schnell vergehen. In der Zeichentrickserie *Captain Planet and the Planeteers* lieh sie erstmals einer Comicfigur ihre markante Stimme. Als Erdgeist Gaia wurde sie übrigens erneut für den »Daytime-Emmy« nominiert. Immer öfter wurde sie nun auch zu solchen Synchronisationsaufgaben gebeten.

Tales From the Whoop war eine weitere zweiteilige One-Woman-Show, die mit großem Erfolg lief – die beiden Einzeltitel lauteten »A Laugh, A Tear« und »Hot Rod«. Dazu kam alljährlich immer wieder *Comic Relief* – Whoopi Goldberg, Billy Chrystal und Robin Williams wurden aufgrund ihres sozialen Engagements auch immer gern in die *Late Night Talkshows* von Johnny Carson und anderen Talk-Show-Moderatoren eingeladen.

The Long Walk Home war wieder ein richtiger, großer Kinofilm, dazu einer, der aus einer inneren Kraft und Überzeugung heraus gemacht war. *The Long Walk Home* zeigt, wie eine kleine tapfere Geste dazu führen kann, daß ein Mensch sich selbst entdeckt, sein Leben verändert und schließlich an der Veränderung der gesamten Gesellschaft mitwirkt. Zusammen mit der Oscarpreisträgerin Sissy Spacek stand Whoopi in einem Film von Richard Pearce vor der Kamera – es ging um den historischen Bus-Boykott in Montgomery im US-Südstaat Alabama. Hier demonstrierte die schwarze Bevölkerung gegen die Vorschrift, daß Schwarze nicht neben Weißen sitzen durften, und brachte damit die Bürgerrechtsbewegung erst so richtig ins Rollen.

An einem anderen Ort und in einer anderen Zeit wären sie vielleicht die besten Freunde gewesen. Aber nicht in Montgomery, Alabama, und nicht

PENTA FILM

MARIO & VITTORIO CECCHI GORI

SILVIO BERLUSCONI COMMUNICATIONS

presentano

*America 1955.
Quando tutti facevano
solo ciò che conveniva,
loro ebbero il coraggio
di fare ciò che era giusto.*

SISSY SPACEK
WHOOPI GOLDBERG
DWIGHT SCHULTZ

LA LUNGA STRADA
VERSO CASA

(THE LONG WALK HOME)

SISSY SPACEK · WHOOPI GOLDBERG · DWIGHT SCHULTZ "LA LUNGA STRADA VERSO CASA" JOHN DAVID MORMS · YING RHAMES · DYLAN BAKER
musiche di GEORGE FENTON · prodotto da BILL BORDEN · fotografia di ROGER DEAKINS B.S.C. · sceneggiatura di JOHN CORK · montaggio di EDWIN C. ALBERT
prodotto da FREDERICK BACKROFF e STUART BENJAMIN · prodotto da HOWARD W. KOCH JR. e DAVE BELL · diretto da RICHARD PEARCE

PENTA DISTRIBUZIONE

1955. Miriam Thompson ist eine feine Südstaaten-lady, die ein perfektes Leben mit den dazugehörigen Parties und Bridgenachmittagen lebt. Sie kennt ihren Platz in der Gesellschaft genau und paßt blendend zu ihrem ehrgeizigen Göttergatten, der auch als Bewahrer der alten Traditionen gilt. Und sie lebt, um bedient zu werden. – Odessa Cotter kennt ihren Platz in der Gesellschaft ebenfalls genau: Als Miriams Hausdame hat sie gelernt, sich in der Welt der Weißen unterzuordnen und nicht anzuecken. Sie lebt, um zu dienen.

Doch das Leben der beiden Frauen und ihre Beziehung zueinander soll sich für immer ändern. 1955 ist das Jahr des Montgomery-Bus-Boykotts: Was als leiser Protest der Schwarzen begann, die in öffentlichen Bussen das Recht, überall sitzen zu dürfen, beanspruchten, endete mit einer Revolution. Odessa ist keine radikale Reformerin. Als Mutter und Ehefrau tut sie alles, um ihre Familie durchzubringen – selbst wenn dieser Bus-Boykott bedeutet, daß sie jeden Tag zweimal 18 Kilometer laufen muß, damit sie ihren Job bei der Familie Thompson nicht verliert. Die Spannung zwischen Schwarzen und Weißen in der Region eskaliert jedoch schnell. Odessas jüngerer Sohn verteidigt seine Schwester vor einer Gang weißer Teenager und wird verprügelt. Odessa, Martin Luther Kings Philosophie der Gewaltlosigkeit nahestehend, versucht zu schlichten. Und mit der gleichen Aufopferung, mit der sie sich um ihre Kinder kümmert, versorgt sie auch die Kinder Miriams.

Whoopi Goldbergs Kinodebüt »Die Farbe Lila« war der Start in eine beispiellose Karriere als Filmstar.
In »Jumping Jack Flash« löst sie mit Computerhilfe einen verzwickten Kriminalfall.

Detektivin Rita
Rizzoli geht in
Tom Hollands
Thriller
»Fatal Beauty«
nicht zimperlich
mit Gangstern um.

In »Telefon Terror«
spielt Whoopi
Goldberg eine
psychisch kranke
Schauspielerin.

»Claras Geheimnis« ist ein sentimentaler Film von Robert Mulligan, in dem die Kinderfrau Clara Einfluß auf die Geschicke einer Familie nimmt.
»Homer und Eddie« ist Andrej Konchalovskis sensibles Roadmovie um zwei Außenseiter der Gesellschaft.

Die Rolle als Wahrsagerin Oda Mae Brown in »Ghost – Nachricht von Sam« brachte Whoopi Goldberg den Oscar ein.

In einer der schönsten Szenen in Robert Altmans Kultfilm »The Player« benimmt Whoopi Goldberg sich köstlich daneben. Die Nonnenkomödie »Sister Act« ist bei weitem der erfolgreichste Film Whoopi Goldbergs.

In dem Südafrika-Musical »Sarafina« als historische Lehrerin
Mary Masembuke.
Mit Ted Danson in der turbulenten Komödie um die Ver-
wechslung einer Samenspende: »Made in Heaven«.

Die Fortsetzung von »Sister Act« konnte nicht an den großen Erfolg des Originalfilms anknüpfen, brachte der Hauptdarstellerin jedoch eine Traumgage.

Kleinere Filme wie Martin Scorseses Produktion »Naked in New York« unterstützt Whoopi oft mit Gastauftritten oder nur ihrer markanten Stimme.
In »Corrina, Corrina« agiert sie als lebenslustige Haushälterin, die ihrem Boss (Ray Liotta) und dessen Tochter viel Spaß bringt.

Miriam ahnt, daß Odessa den Boykott ernstneh-
men muß und tut etwas Unglaubliches: Sie holt
ihre Haushälterin mit dem Auto von zu Hause
ab und chauffiert sie zu ihrem Arbeitsplatz. Ihren
schockierten Freundinnen erklärt sie: »Heute eine
gute Hilfe zu finden, ist ja so schwer.« Sie weiß wohl,
daß sie das nicht darf und versucht es vor ihrem ras-
sistischen Ehemann geheimzuhalten. Doch der er-
fährt es sehr schnell und verläßt zur Strafe umge-
hend das gemeinsame Schlafzimmer. Langsam be-
ginnt Miriam in ihrem netten Gatten den Rassisten
zu sehen, der er ist, und plötzlich begreift sie sich
selbst als eine Frau, die sich nicht länger von ihm
kontrollieren lassen will. Und in einem stillen Mo-
ment sieht sie plötzlich, was sie mit Odessa gemein
hat. Aus ihrem ersten wirklichen Gespräch erwächst
Freundschaft.

Miriam und ihr Mann werden sich immer frem-
der und die weiße Lady entschließt sich, eine der
wenigen weißen Fahrerinnen zu werden, die den
Bus-Boykott der Schwarzen mit einer Fahrgemein-
schaft unterstützen. Es kommt zur Konfrontation
zwischen Schwarzen, die passiven Widerstand lei-
sten und gewaltbereiten weißen Rassisten. Am Ende
weiß Miriam, wo sie wirklich hingehört ...

Die Geschichte von *The Long Walk Home* wird
aus der Sicht von Miriams Tochter erzählt – die
Stimme der Schauspielerin Mary Steenburgen sagt
ganz zum Schluß: »Es dauerte noch Jahre, bis ich
verstand, was es für meine Mutter bedeutete, dort

auf der Seite der Schwarzen zu stehen – und später, als ich selbst erwachsen war, für mich.« In diesem Sinne ist der Film eine Fortsetzung des Klassikers von 1962 *Wer die Nachtigall stört* – auch hier wird die Geschichte durch die Augen eines Kindes gesehen, nur eine Generation früher, in der Zeit der großen Depression.

Richard Pearce, der unter vielen anderen die Kinofilme *Country, Heartland* und *Gnadenlos* (mit Kim Basinger und Richard Gere) gedreht hatte, fühlte sich mit diesem Werk Charakteren verbunden, die mit kleinen mutigen Entscheidungen große Veränderungen bewirken. Pearce: »Meine beiden Stars mußten viel von sich aufgeben, denn hier sollten sie einmal nicht zeigen, wie klug, sexy oder stark sie sind. Hier ging es um eine andere Herausforderung.« Und so mußte Whoopi Goldberg sich anstrengen, nicht komisch zu agieren und Witze zu machen und Sissy Spacek mußte ihren ansonsten überzeugenden Charme zu Hause lassen. »Die Leute sollten Sissy nicht sympathisch finden«, meinte Pearce, »und Whoopi nicht lustig. Beide Rollen sollten die reale Welt dokumentieren und ein jeweils unterdrücktes Leben darstellen.« David Ansen von »Newsweek«: »Fehlerlose, kluge Darstellung. Goldberg stellt das Zentrum der Moral dar, Spacek sorgt dafür, daß ihre Miriam nie eine falsche heroische Statur erhält. Sie ist die unbedarfte Frau, die praktisch in die Tapferkeit hineinstolpert.«

Doch mit einer solch ernsten Thematik, und sei

sie noch so überzeugend dargestellt, holt man »den Kinogänger« nicht hinter dem Fernsehschirm hervor. »Variety« urteilte denn auch ohne Umschweife: »Ein wunderbares Video oder ein prima Fernsehfilm.« Die Kritik beurteilt den Film ganz unterschiedlich; einerseits sehr positiv: »Bei einem Dokudrama wie diesem besteht die Gefahr, daß es in ein zeigefingerwinkendes ›Du sollst das Böse nie vergessen‹ übergeht, doch der Film widersteht der Versuchung, in Sentimentalitäten abzurutschen und bietet im Kontext der dargestellten Zeit und des Ortes glaubwürdige Charakterisierungen.« Richard Corliss war allerdings auch das schon zu viel. Er bescheinigt Goldberg und Spacek zwar angemessenes Agieren, sieht den Film aber eher als »Weihnachtskarte mit wahren Gefühlen, aber übertriebenen Texten«. Auch die Schwarz-Weiß-Darstellungen des ungleichen Kampfes »Heilige (Schwarze) gegen Plutokraten (allmächtige Weiße)«, die Regisseur Pearce kreiert habe, seien viel zu einseitig. Das sieht Stichwortgeber John Cork, der junge Drehbuchautor, der in Montgomery, Alabama, aufwuchs, aber anders. »Natürlich sind die Hauptpersonen fiktiv«, erzählt er, aber aus den Erzählungen seiner Verwandten und vieler Bürger von Montgomery, die er befragte, ist die Handlung seines Drehbuches durchaus realistisch. Cork hatte die Geschichte übrigens im Rahmen eines Universitätsprojektes aufgeschrieben: Ein Freund las es und zeigte es dem Produzenten David Bell, der schließlich gemeinsam mit dem ausführenden Produzenten und Regisseur Taylor Hackford *(Ein Offizier und Gentleman)* daraus *The Long Walk Home* machte.

Trotz der durchaus auch positiven Kritiken wurde der Film ein kommerzielles Desaster. Nachdem er im Dezember 1990 mit einigen wenigen Kopien in den USA mit nur geringem Erfolg gestartet worden war, glaubte man, ihn im März 1991 mit einem Neustart mit 400 weiteren Kopien in die schwarzen Zahlen katapultieren zu können. Doch leider wurde die interessante Filmerzählung kein »Sleeper-Hit« (der sich langsam in der Zuschauergunst entwickelte) oder Kritikerfilm. Auch wenn er nicht oscarnominiert wurde, eine Reihe von »kleineren« Preisen konnte er dennoch gewinnen. Anne Thompson von »Entertainment Weekly« machte eine Tageszeitung für den Mißerfolg verantwortlich: Die »Los Angeles Times« habe dem Film die Aura genommen, als sie erstens seine Authentizität anzweifelte und in einem zweiten Bericht das Foto von Miriam, wie sie nach Odessa fährt, groß abgebildet habe mit der Überschrift: »Driving Miss Whoopi«. Also nichts als ein neuer Film über eine »schwarze« Erfahrung aus »weißer« Sicht – Regisseur Pearce kommentierte trocken und etwas traurig: »Der Blitz schlägt nur einmal ein. Und er hat *Miss Daisy und ihr Chauffeur* getroffen.« Das ließ sich auch durch den zweiten Filmstart im März 1991 nicht korrigieren. *The Long Walk Home* verschwand in der Versenkung und erhielt, schade genug, bisher nicht einmal außerhalb

der USA eine Chance. Auf seine Deutschlandpre-
miere wartet dieser sehenswerte Whoopi-Goldberg-
Film bis heute.

Auf den Erfolg des Werks zur Karrieresicherung
war Whoopi in diesen Tagen schon längst nicht
mehr angewiesen, weil inzwischen ein weiterer
Film mit ihr auf dem Markt war. *Ghost – Nachricht
von Sam* hatte 1990 einen beispiellosen Triumphzug
rund um die Welt begonnen – die »Popularitäts-
flaute« von Whoopi Goldberg war endgültig zu
Ende.

Internationales
Comeback;
Ein Oscar
für Ghost

In Hollywood wird gerne eine Anekdote über Whoopi Goldberg erzählt, die sich sogar in William Goldmans Branchenabrechnung *Hype and Glory* befindet: Rob Reiner, der Regisseur der Goldman-Verfilmung *Die Braut des Prinzen,* suchte noch immer eine Darstellerin für die Hauptrolle der Prinzessin Buttercup. Er erhielt den Anruf eines Agenten: »Sie haben immer noch nicht ihre Prinzessin gefunden?« Gegenfrage Reiners: »Haben Sie eine?« »Ja, eine unglaubliche Besetzung«, sagte die Stimme. »Na los, sagen Sie schon!«, erwiderte Reiner ungeduldig. »Whoopi Goldberg!«

Die meisten Menschen prusten angesichts dieser Story vor Lachen los – Whoopi findet das aber gar nicht so lustig: »Die Leute denken, das ist das Dümmste, was sie jemals gehört haben. Doch das verletzt mich wirklich.« In einem derart unernsten Film wie *Die Braut des Prinzen* hätte sie schließlich mit Sicherheit eine lustige Prinzessin abgegeben. Nun – sie hatte seit *Die Farbe Lila* keinen großen Erfolg mehr gehabt und vielleicht hatte Rob Reiner

Angst, daß Whoopi eine Gefahr für seinen Film darstellen würde. Eine Zeitlang war die Betroffene von der negativen Entwicklung ihrer Filmkarriere selbst so geschockt, daß sie Reportern, die fragten, wann sie denn endlich einmal in einem guten Film spiele, eine Gegenfrage hinschmetterte: »Wenn SIE ein gutes Drehbuch geschrieben haben.«

Whoopi war es leid, nur die Rollen zu spielen, die sie angeboten bekam: »Es lief wirklich immer auf Dienstmädchen und Nutten heraus. Ich hatte schon früher oft gesagt, daß ich das nicht mache, aber dann habe ich ein paarmal doch nachgegeben. Schluß jetzt damit.« Und sie erzählte Caren Myers von »Time Out«: »Ich möchte alles spielen: Hunde, Katzen, *Der Löwe im Winter* auf der Bühne. Die Leute flippen jedesmal aus, wenn ich das sage und man muß sich für so etwas ständig erklären. Ich wollte *Born Yesterday* mit Walter Matthau machen, kein Remake, sondern einen neuen Film, weil ich ganz anders sein wollte als Judy Hollyday im Originalfilm. Die haben mich angesehen, als hätte ich auf den Teppich geschissen.« Harte Worte, aber wahre Worte – es gab und gibt bis heute keine Filmdrehbücher und Theaterstücke, die aus Produzentensicht für schwarze Darstellerinnen in Hollywood profitträchtig sind. Die Folge ist, daß es auch so gut wie keine schwarzen Schauspielerinnen mit Talent gibt und wenn man dennoch einige aufzählen würde, stände Whoopi Goldberg sehr wahrscheinlich an erster Stelle. Und aus diesem Grunde hatte sie jetzt beschlossen, sich aus Prinzip nicht für Rollen zu interessieren, die »nur für schwarze Frauen« vorgesehen waren.

Und dann passierte irgendwann etwas Wunderbares. Ein Mitarbeiter legte ihr ein Drehbuch auf den Tisch und sagte: »Lies' das mal, da ist eine Rolle drin, die du mögen könntest. Aber ich weiß nicht, ob du das überhaupt willst, denn für diese Rolle ist eine Schwarze vorgesehen.« Es war die Rolle der quacksalberischen Wahrsagerin Oda Mae Brown, die zu ihrer Verblüffung als einzige den Geist eines Ermordeten sprechen hören kann und ihm schließlich hilft, zu dessen noch lebender Freundin Kontakt aufzunehmen. All diese Szenen waren bereits in dem Drehbuch vorhanden, das man Whoopi vorgelegt hatte, nichts davon wurde sozusagen »ihr auf den Leib geschneidert.« »Es war, als hätte jemand gesagt ›Hier ist ein Geschenk‹. Ich kann Bruce Joel Rubin, der dieses Drehbuch geschrieben hat, gar nicht genug dafür danken«, meinte Whoopi.

Für die wenigen, die *Ghost – Nachricht von Sam* nicht gesehen haben, eine Inhaltsangabe, für die »Wissenden« eine Reminiszenz:

Sam Wheat und Molly Jensen sind ein glückliches Paar. Eben haben sie in New York eine neue, große Wohnung bezogen. Bei der Renovierung hilft ihnen Carl, ein guter Freund Sams. Sam arbeitet in leitender Position in einer großen Bank, Carl ist Angestellter in Sams Abteilung. Doch Sam und Mollys Glück ist nur von kurzer Dauer. Nach einem Thea-

terbesuch wird Sam auf offener Straße von einem Räuber angegriffen. Er wehrt sich und es fällt ein Schuß. Als Sam die Augen wieder öffnet, sieht er Molly auf der Straße vor einem leblosen Körper knien. Er geht näher heran und erkennt seine eigene sterbliche Hülle. Er spricht Molly an, doch sie kann ihn nicht hören. Und so wird ihm endlich bewußt: Er ist tot und dennoch kann er wahrnehmen und denken. Er ist auf einer Ebene irgendwo zwischen Leben und dem Jenseits gelandet, er ist jetzt ein Geist . . .

Die nächsten Tage verbringt er in Mollys Nähe, ohne daß sie ihn bemerken könnte. Zeit und Raum existieren nach wie vor für ihn, als ob er selbst noch unter den Lebenden weilte – nur: Es gibt keine Möglichkeit, sich bemerkbar zu machen. Wie gerne würde er Molly sagen, daß er sie liebt. Den Satz »Ich liebe Dich« über die Lippen zu bringen, hatte er nie geschafft – immer war es Molly, die es gesagt hatte und er hatte immer nur geantwortet: »Dito«. Fast verzweifelt sucht er nun nach einem Weg, sich verständlich zu machen. Und es gibt einen weiteren, furchtbaren Grund, daß er dies will: Sein Mörder, der in seiner Brieftasche offenbar die Adresse gefunden hat, sucht die Wohnung auf, um weiteres Unheil anzurichten. Sam weiß – dieser Mann wird auch vor einem weiteren Mord nicht zurückschrecken. Doch wenn schon die Menschen Geister nicht sehen können – Mollys Katze nimmt Sam wahr und springt den Einbrecher an, der daraufhin flieht.

Molly bleibt für dieses Mal verschont, aber Sam weiß – er wird wiederkommen. Nachdem er den Mörder nach Hause verfolgt hat und dessen Namen und Adresse kennt, kommt er an einem kleinen Ladengeschäft vorbei, an dem ein Schild prangt: Oda Mae Brown, Medium. Nach jedem Strohhalm greifend, sucht er diesen Laden auf und stellt zwei Dinge fest: Erstens ist Oda Mae keine richtige Wahrsagerin – sondern eine gewitzte Geschäftemacherin, die mit dem Aberglauben ihrer Kunden Kasse macht. Und zweitens erlebt er eine unglaubliche Überraschung: Diese Oda Mae ist die einzige Person auf der Welt, die Sams Stimme hören kann, wenngleich sie ihn auch weder sehen noch fühlen kann. Natürlich ist sie hiervon selbst völlig überrascht und überzeugt, daß sie mit dieser Stimme nur für ihre Betrügereien bestraft werden soll. Doch Sam läßt nicht locker, und es gelingt ihm, Oda Mae davon zu überzeugen, daß es ihn, den Geist, wirklich gibt. Und weil sie die einzige ist, die ihn hören kann, ist sie auch die einzige, die Molly vor dem Mörder warnen kann.

Allerdings hält sie Oda Maes Auftauchen und die Nachricht von Sam zunächst für einen sehr schlechten Witz. Erst als Oda Mae Details aus Mollys und Sams Zusammenleben preisgibt, beginnt sie, der vermeintlich Verrückten zu glauben. Die Wahrsagerin übergibt ihr Name und Adresse von Sams Mörder Willy Lopez. Molly wendet sich mit diesen Angaben an die Polizei, doch dort erntet sie nichts als mitleidiges Kopfschütteln. Ein Blick in Oda Maes Akte hingegen überzeugt Molly davon, daß sie offenbar einer Schwindlerin aufgesessen ist.

Unterdessen »besucht« Sam seinen Mörder und lernt dabei dessen Auftraggeber kennen: Es ist sein bester Freund Carl. Und bald ist ihm klar, daß der Mord an ihm ein übles Komplott war. Carl hatte durch Computermanipulationen eine große Menge Geld auf ein Scheinkonto transferiert. An dieses Geld konnte er aber nur mit einem Geheimcode von Sam kommen. So beauftragte er den späteren Mörder, Sam und Molly zu überfallen und die Brieftasche mit dem Geheimcode zu rauben. Doch Sam hatte den Code nicht in seiner Brieftasche und so hat Carl den Killer in die Wohnung von Molly geschickt.

Von Molly, um die er sich nun scheinbar rührend kümmert, erfährt er, daß die Polizei durch Oda Mae Brown auf die Spur des Killers gekommen ist. Das verwirrt ihn sichtlich und jetzt sucht er gemeinsam mit Lopez Oda Mae auf, um sie zu beseitigen. Doch die kann dank Sams unsichtbarer Hilfe unverletzt fliehen – Willy Lopez rennt bei dieser Aktion vor ein Auto und stirbt. Sam wird nun stummer Zeuge der anderen, bösen Seite des Jenseits, die den Geist von Lopez gleich nach dessen Tod an sich reißt und der Hölle überantwortet ...

Während seiner Nachforschungen trifft Sam auch auf andere Geister, die den Weg ins Jenseits noch nicht angetreten haben. Er erkennt, daß es einigen Verstorbenen vom Schicksal vergönnt ist, als Geister sozusagen eine letzte Chance zu erhalten, ihr Leben und Sterben zu ordnen, bevor sie endgültig in die Welt, die nach der unseren folgt, dürfen. Ein Geist, der seit langer Zeit rastlos durch das U-Bahn-System Manhattans fegt, zeigt ihm, daß es möglich ist, mit der Willenskraft Dinge zu bewegen und damit Einfluß auf die Welt der Lebenden zu nehmen. Und so geschieht es, daß Carl, der schließlich durch Molly doch noch in den Besitz des Geheimcodes gelangt, an seine Beute nicht mehr herankommt, weil Sam inzwischen selbst über das Geld verfügt. Zusammen mit Oda Mae Brown besucht er die Schalterhalle seiner Bank und sorgt dafür, daß die Wahrsagerin das ganze Geld des Scheinkontos auf einen Schlag abhebt. Oda Mae

liefert eine bühnenreife Vorstellung – der Coup ge-
lingt. Nun sucht Sam Carl im Büro auf. Der stellt ge-
rade fest, daß das Konto gelöscht ist, und Sam teilt
ihm mit Hilfe des Computers mit, daß das Spiel nun
aus ist.

Doch zunächst möchte Sam seiner Molly wenig-
stens einmal sagen, wie sehr er sie liebt. Nachdem
Oda Mae sie überzeugt hat, daß es den Geist von
Sam wirklich gibt, schlüpft Sam in den Körper der
Wahrsagerin und kann seiner Molly zum ersten und
letzten Mal seine Liebe gestehen. In diesem Augen-
blick stürmt jedoch Carl herein, um sich an Molly
und Oda Mae zu rächen. In einem gnadenlosen
Showdown jagt er die beiden, doch Sam führt die
Aufgabe zu Ende, für die er noch einige Tage die
Welt der Lebenden beobachten und sekundenlang
spüren durfte. Sein Tod ist nun gesühnt – Carl stirbt
einen fürchterlichen Tod und wird ebenfalls zur dun-
klen Seite gezogen, während Sam unter den Blicken
von Molly und Oda Mae endlich den Weg in die
helle Seite den Jenseits antreten darf . . .

»Ein Thriller und eine Love-Story«, angesiedelt
in der realen und der spirituellen Welt«, frohlockte
Regisseur Jerry Zucker angesichts des Drehbuchs
von Bruce Joel Rubin, der zuvor eher düstere Visio-
nen wie *Projekt Brainstorm* oder *Jacobs Ladder* geschrieben hatte. »So etwas hatte ich noch nie gelesen. Es war Phantasie, aber ich ertappte mich immer
wieder bei dem Gedanken: So könnte es wirklich
sein. Ich glaube selbst daran, daß die Seele weiter-

lebt, wenn der Körper stirbt.« Seinen Film ordnete er selbst als »unmöglich zu kategorisieren« ein, »als Film ohne spezielles Genre«. Romantik, Komödie und Spannung – mindestens drei Elemente machen den Film aus: »Mit Sicherheit aber ist es keine Komödie wie meine anderen Filme.« Es war ihm auch nicht darum gegangen, mit seiner Vergangenheit als Regisseur ausgeflippter und gag-beladener Komödien zu brechen. »Ich habe einfach nach einem guten Film Ausschau gehalten.«

Drehbuchautor Rubin wiederum gehört zu den Leuten, die selbst in einer spirituellen Welt leben und daran glauben. Er schrieb das Buch aus voller Überzeugung, daß dies eine Möglichkeit sei, die Welt des Jenseits und jene Vorstufe dorthin zu beschreiben. »Ich meinte es sehr ernst und wollte eigentlich, daß Milos Forman oder Stanley Kubrick das Buch verfilmen sollten. Als ich dann von Paramount hörte, daß der Typ, der *Airplane* gemacht hat, für die Inszenierung vorgesehen war, schrie ich auf. Dann trafen wir uns, und er wollte auch noch Dinge ändern. Das war eine Menge Streß.« Doch Rubin und Zucker wurden nach einem langen gemeinsamen Abendessen gute Freunde und dem Autor war klar, daß der Regisseur eher ein Philosoph als ein Witzbold ist. Nach insgesamt 19 Drehbuchversionen war es soweit, daß die Dreharbeiten beginnen konnten. Beide stimmten schließlich überein, daß es klug sei, die düstere Seite der Geschichte abzuschwächen und eine ordentliche Portion Humor einzubringen.

Whoopi Goldberg hatte zwar das Drehbuch spontan geliebt und daraufhin sofort ihre Mitwirkung zugesagt, doch nun war es an Regisseur Zucker, sie noch eine ganze Weile zappeln zu lassen – nämlich immerhin sechs Monate.

Zucker hatte nämlich erwogen, möglicherweise eine unbekannte Darstellerin für die Rolle zu verpflichten und sich zu diesem Zweck Hunderte anderer Schauspielerinnen zum Vorsprechen ins Studio kommen lassen. Immerhin gab er rückblickend zu: »Ja, das stimmt. Aber heute ist es mir im Grunde peinlich zuzugeben, daß ich jemals über eine andere Besetzung für die Rolle nachgedacht habe.«

Als Whoopi dann die Rolle endlich erhielt, dauerte es nur noch kurze Zeit und die Dreharbeiten begannen. Wie denkt man sich eigentlich in eine solche Aufgabe, für die es ja keinerlei Vorbilder gibt, hinein? Whoopis Antwort auf diesbezügliche neugierige Reporterfragen: »Für Oda Mae habe ich einfach versucht, mich an alles zu erinnern, was ich an Filmen mit Wahrsagern je gesehen hatte. Ich habe dann alle diese Erinnerungen zusammengemischt und gehofft, das Beste daraus zu machen. Auf keinen Fall aber wollte ich etwa mit Leuten zusammentreffen, die so etwas wirklich konnten. Ich wollte nämlich nicht, daß Geister in mich kommen, die ich nicht eingeladen habe. Und man weiß ja, wie das mit Geistern ist. Die kommen, weil sie das jetzt gerade wollen und hängen dann in dir rum. Bleibt, wo ihr seid!« Das hat Whoopi doch sicherlich nicht ernst gemeint? Zu Caren Myers: »Doch, ich glaube da dran. *Der Exorzist* hat mir wirklich gereicht. Also wollte ich das nicht selbst testen und auch gar nicht so genau wissen. Ich brauche nicht die Erfahrung, daß mir plötzlich grünes Zeug aus dem Mund kommt. Ich brauch' das einfach nicht.« »Die Rolle der Oda Mae ist die Rolle des bizarren Scharlatans, der plötzlich zur Heldin wird«, meinte Whoopi, »eigentlich wollte ich schon immer einmal jemanden spielen, der heroisch wird. Das beste aber war natürlich die Szene, in der Patrick in mich kam und ich Demi zu streicheln begann, bis Patrick sozusagen übernahm.« Und sie fügte hinzu: »Ein ganzes Stück Oda Mae bin ich schließlich selbst. Sie hat andere und sich selbst lange betrogen – so wie ich ganz früher auch. Und dann, als sie mit diesem Geist zu tun hat, verändert sie sich; zum ersten Mal in ihrem Leben ist sie auch für andere da. Und jedem ist klar: Diese Frau wird nie wieder andere Leute reinlegen, sondern wird sich immer kümmern – na ja, ich hoffe das jedenfalls.«

Nie zuvor hatte Whoopi Goldberg in einem Film gespielt, in dem sie ihren Partner nicht sehen durfte – das heißt, obwohl Patrick Swayze neben ihr stand, mußte sie so tun, als höre sie nur seine Stimme: »Ihn nicht ansehen und dabei so tun, als höre ich nur alles, war zum Verrücktwerden. Es kam so oft vor, daß Jerry schrie ›Nochmal, du siehst ihn ja an‹ und ich gab zurück ›nein, ich habe ihn nicht angesehen‹ aber er wollte die Szene auf jeden Fall noch einmal drehen, und ich mußte mir wieder Mühe geben, Patrick nicht anzuschauen. Ich habe später mit Bob Hoskins darüber gesprochen und ihn gefragt, wie es war, als er Szenen neben Roger Rabbitt spielen mußte, der ja überhaupt nicht da war und später einkopiert wurde. Er sagte, daß seine Körpersprache sich verändert habe, meinte aber, das sei sicher ebenso schwer gewesen wie meine Rolle.«

Whoopi Goldberg hat einen völlig anderen Hintergrund und einen ganz anderen Charakter als ihre *Ghost*-Kollegen Demi Moore und Patrick Swayze. Ging das zusammen? »Ja, aber die beiden brauchten zwischen den Szenen mehr Ruhe und Raum für sich. Ich brauche immer Unruhe und dreckige Witze«, meinte Whoopi zum »Starlog-Interviewer« Marc Shapiro: »Jerry Zucker war immer gut drauf und Rick Aviles, der Darsteller des Killers, ist einer der verrücktesten Leute, die ich je getroffen habe. Ich hatte einige dieser Tage, wo alles nicht so läuft und dann kamen einige Teammitarbeiter und erzählten mir einen so richtig schmutzigen, ekligen Witz. Dann prustete ich los und alles war wieder in Ordnung.«

Die Kritiker hatten anfangs Probleme mit dem Film – doch es war ihnen klar, welches kommerzielle Potential darin schlummerte. »Variety«, die Branchenbibel von Hollywood, schrieb am 11. Juli 1990, also bevor der Film richtig einschlug: »Eine merkwürdige Sammlung von Stilen ... eine seltsame Kreation, die manchmal in einer künstlichen

Düsternis erstickt, manchmal aber in wunderbar verrückten Spaß ausartet ... Es könnte zum Hit werden ... Goldberg als verwirrtes Medium liefert die überzeugendste Leistung auf der Leinwand. Ihre Szenen sind voll von dem saftigen Humor, der die Filme Zuckers ausmacht.« Und die »Los Angeles Times«: »Sie spielt den größten Scharlatan seit dem *Wizard of Oz*. So verbreitet sie wunderbaren Frohsinn. Auch darstellerisch hervorragend ...« Die »New York Times«: »Die Rolle von Frau Goldberg erlaubt uns zu widerstehen und über diesen Geist an ihrer Seite zu lachen. Die clevere Taktik des Film ist die, daß wir eigentlich viel zu schlau sind, um an Geister glauben zu können. Doch als sie überzeugt ist, dürfen endlich auch wir daran glauben – mit ihr zusammen. Und sie ist auch von großer Bedeutung für das sentimentale Ende des Films, in dem Patrick Swayze endlich zu Demi Moore sagt ›Ich liebe dich!‹ – und sie weiß, daß er nun ein besseres Leben jenseits des Todes gefunden hat. Ohne Whoopi Goldbergs Verbindung zum Publikum wäre es uns zu leicht gefallen, über diese glorreichen Seifenblasen am Himmel zu lachen« – eine Anspielung auf den sehr kitschigen Schluß des Films, in dem Sam-Darsteller Patrick Swayze von kleinen Lichtgestalten in die Helligkeit geführt wird.

In der Tat, ohne Whoopi Goldberg wären die Tränendrüsen-Szenen nicht relativiert worden und der Film mit an Sicherheit grenzender Wahrscheinlichkeit zur bedeutungslosen Schnulze verblaßt. So durften selbst gestandene Männer im Kino zum Taschentuch greifen und schließlich auch im nachhinein noch darüber lachen und sich über Whoopi Goldberg freuen. Das galt sogar für die Bosse von Paramount, als sie den Film zum erstenmal sahen. Drehbuchautor Rubin erinnert sich: »Gut, daß es Whoopi gab. Die hohen Herren marschierten nämlich alle mit roten Augen aus der Vorstellung und redeten dann nur über die Rolle der Oda Mae.« An dieser Stelle soll nicht vergessen werden, daß auch Patrick Swayze und Demi Moore als Molly achtbare darstellerische Leistungen boten – aber letztlich von der überzeugenden Whoopi Goldberg an die Wand gespielt wurden.

Ghost war ein unglaublicher Erfolg an den Kinokassen. Der Film spielte in wenigen Monaten über 200 Millionen Dollar ein und wurde damit zum erfolgreichsten Film 1990 und zu einem der erfolgreichsten Filme aller Zeiten. Whoopi hatte sich also auf ihre Weise gerächt, in dem sie endlich den Film machte, den niemand mehr von ihr erwartet hätte und damit einen Erfolg initiierte, der all jene Kritiker, die sie längst abgeschrieben hatten, verblüffte. Sie erklärte diesen Erfolg ganz einfach: »Ich denke, die Leute wollen einfach nicht mehr sehen, wie Häuser in die Luft fliegen und Köpfe abgerissen werden. Ich glaube, gerade jetzt, wo wir in den Krieg ziehen (zu dieser Zeit bereiteten sich die US-Truppen auf den Golfkrieg vor), wollen die Leute etwas Fröhlicheres sehen.« Und die Verantwortlichen sahen es offenbar alle ähnlich: »Das war das Verblüffendste. Alle wollten denselben Film machen, trotz der stilistischen Mischung gab es da eine klare Übereinstimmung. Das geschieht nicht sehr oft. Da kriegst du ein Script und plötzlich machst du *Voodoo Frauen in der Hölle ...*«

Schon einige Wochen nachdem *Ghost* so erfolgreich angelaufen war, machte irgendeine Zeitung den Vorschlag, daß Whoopi dafür mit dem Oscar nominiert werden könne. Sie reagierte auf diesen vermeintlich absurden Vorschlag mehr als gelassen: »Da denke ich gar nicht dran. Wenn ich das tun würde, würde ich ja bis zum Februar einen Herzinfarkt kriegen.« (Diesen Ausspruch tat sie im August 1990, die Oscar-Nominierungen wurden im Februar 1991 bekannt, die Oscars bekanntlich einen Monat später vergeben.)

Den Herbst 1990 verbrachte Whoopi wieder mit viel Fernseharbeiten – die Dreharbeiten zu *Star Trek – The Next Generation* gingen weiter, sie machte einige Shows und organisierte zum wiederholten Male *Comic Relief* mit Billy Chrystal und Robin Williams. Sie engagierte sich weiter unermüdlich in einer ganzen Reihe caritativer Einrichtungen und kämpfte unter anderem auch gegen ein US-Gesetz, daß Obszönität in der Kunst unter Strafe stellen sollte, beispielsweise eine Ausstellung von Werken des großen Fotografen Robert Mapplethorpe und Konzerte der Rap-Band »2 Live Crew« waren davon betroffen. Whoopi: »Ich mag diese Musik überhaupt nicht. Ich mag zum großen Teil auch nicht deren Botschaft, aber ich muß für deren Rechte kämpfen. Sie sollen sagen dürfen, was sie wollen. Wenn wir ihnen nämlich den Mund verbieten – ich weiß, ich wäre die nächste, der das passiert. Einige meiner Aussagen sind auch ganz schön hart, sei es politisch, sei es emotional. Und wenn ich mich heute zu Problemen frei äußern wollte, hätte ich bei einem solchen Gesetz keine Chance. Ich könnte nicht für Abtreibung reden, das ist ja beinahe jetzt schon illegal, weil es gegen den Willen Gottes ist. Das flößt mir Furcht ein. Es muß eine Stimme da draußen geben, die sagt, daß da einige seltsame Sachen vorgehen. Das ist wichtig für mich, einfach als Mensch.«

Im Herbst 1990 konnte Whoopi Goldberg dann die ersten Auszeichnungen entgegennehmen, die an *Ghost* gekoppelt waren. Der »Image Award«, den die »National Association for the Advancement of Colored People« vergibt, war der erste Preis, den sie gewann – aber nicht etwa als »Beste Schauspielerin«, sondern für all ihre Verdienste als »Entertainerin des Jahres«. Im Februar 1991 geschah dann das Unerwartete: Whoopi wurde zum zweiten Mal nach *Die Farbe Lila* für den Oscar vorgeschlagen, nämlich in der Kategorie »Beste weibliche Nebenrolle«. Und nur vier Wochen später dann die Sensation: Sie stach die Mitbewerberinnen Annette Bening, Lorraine Bracco, Diane Ladd und Mary McDonell locker aus und gewann den Oscar. »So was wünscht man sich, aber man erwartet es nicht«, meinte sie zu ihrem Erfolg, »aber verdient habe ich es, oder?« Sie war nach Hattie McDaniel, die 1940 für *Vom Winde verweht* mit dem Oscar für die »Beste weibliche Nebenrolle« ausgezeichnet worden war, die zweite Schwarze, der dies zuteil wurde. Doch als Quoten-Schwarze mochte sie nirgendwo gelten und betonte, wo sie konnte: »Ich bin keine schwarze Schauspielerin, ich bin eine Schauspielerin.«

Whoopi mischt
überall mit:
Lieblingsfeinde,
Lieblingsfreunde

Direkt nach den Dreharbeiten zu *Ghost* war Whoopi Goldberg wieder Gastgeberin einer weiteren »HBO-Comedy-Hour«, zusammen mit ihrem Komiker-Kollegen Billy Connolly stand sie auf der Bühne und brachte ihr Stammpublikum mit neuen Improvisationen zum Lachen. Danach begab sie sich auf Showtournee: In Australien und Neuseeland begeisterte sie die Menschen »Down Under« sechs Wochen lang: »Ich bin Entertainerin und darf den Live-Kontakt zum Publikum auf keinen Fall verlieren.«

Im Jahre 1987 drehte der deutsche Filmregisseur Percy Adlon seinen Film *Out of Rosenheim*, in dem Marianne Sägebrecht als Touristin aus dem bajuwarischen Rosenheim in einem amerikanischen Wüstenhotel wieder zu sich selbst findet und den Alltagstrott auf verblüffende Weise hinter sich läßt. Adlons lustige und detailgetreu inszenierte Komödie wurde in Deutschland schnell zum Kultfilm und – ein kleines Wunder – in den USA unter dem Titel *Bagdad Café* ebenso. Der Titelsong »Calling You«

erhielt im Jahre 1988 sogar eine Oscar-Nominierung. Es kommt praktisch nie vor, daß ein amerikanischer Fernsehsender aus einem deutschen Kinofilm eine Fernsehserie macht, doch *Bagdad Café* gelang genau dies. Die Produzenten Mort Lachman, Zev Braun und Sy Rosen erwarben die TV-Rechte inklusive des bekannten Musikthemas »Calling You« und engagierten eine Reihe von Stars, um eine Kult-Situationskomödie zu initiieren. Die Rolle der Marianne Sägebrecht erhielt die bekannte amerikanische Fernsehschauspielerin Jean Stapleton, die für ihre Rolle in der Langzeitserie *All in the Family* mit Ehrungen überhäuft worden war. Die Rolle der reizbaren Cafébesitzerin Brenda trug man Whoopi Goldberg an, die auch spontan zusagte. Der Inhalt ist folgender:

Das Bagdad Café *ist weit weg vom nächsten großen Highway mitten in der kalifornischen Mojave-Wüste. Jasmine war mit ihrem Ehemann durch die Wüste unterwegs und trennte sich von ihm genau dort, wo sie ihn immer alleine hinschicken wollte. Café- und Motelbesitzerin Brenda hat ähnliche Erfahrungen – sie hat ihrem Ehemann Sal den Laufpaß gegeben, weil sie sich ewig schikaniert fühlte. Jetzt schlägt sie sich mit Töchterchen Debbies Amouren herum und ärgert sich über Sohn Juney, der im Café aushilft, wenn nicht gerade sein Baby schreit ...*

Als Jasmine ankommt, will Brenda sie eigentlich gleich wieder fortschicken, weil sie nicht bar, son-

dern per Scheck zahlen will – doch für diese eine Nacht macht Brenda eine Ausnahme. Rudy, ein Künstler und Junggeselle, der ein häufiger Kunde von Brenda ist, interessiert sich sofort für Jasmine. Die, eine gutherzige Seele, schickt sich an, Brenda beim Büroputz zu helfen – doch sie hat die Rechnung ohne die Wirtin gemacht: Niemand wird Brenda reinreden und schon gar nicht eingreifen ins häusliche Geschehen. So nach und nach finden die beiden völlig konträren Frauen aber doch zueinander und Brenda gestattet Jasmine, eine weitere Nacht zu bleiben ...

Das klingt alles nach wunderbaren Möglichkeiten für eine Darstellerin vom Kaliber einer Whoopi Goldberg. Nach den Kinoflops der letzten Jahre hatte sie sich entschlossen, ihre TV-Aktivitäten auszuweiten und ihre Popularität auf dem Bildschirm etwas anzukurbeln. Doch aus zwei Gründen kam alles ganz anders: Zum einen war den ersten Folgen von *Bagdad Café* alles andere als ein Kultstatus erwachsen – die Kritiker hatten die Serie ebenso wie das Publikum so gut wie nicht wahrgenommen (und wenn, in der Luft zerrissen). Der zweite Grund waren die guten bis sehr guten Kritiken, die Whoopi für ihre beiden inzwischen uraufgeführten Filme *The Long Walk Home* und *Ghost* erhalten hatte. Whoopi Goldberg hatte einfach keine Lust, sich für eine Flopserie weiter zu quälen und entschloß sich zu einem Ende mit Schrecken: Die Legende erzählt, sie habe Mitte November 1990 einfach den CBS-

Präsidenten Jeff Sagansky angerufen und ihm ihren Rücktritt von der wöchentlichen Soap-Opera mitgeteilt – wirksam per sofort. Dem Sender blieb keine Zeit, die Rolle neu zu besetzen und Sagansky warf das ungeliebte »Baby« auf der Stelle aus dem Programm. Jene Folge, die noch im »TV-Guide« vom 30.11.1990 angekündigt war, wurde schon nicht mehr aufgezeichnet. CBS-Insider hatten ohnehin schon lange vorausgesehen, daß es soweit kommen würde – zwischen dem Sender und Whoopi hatte zu keinem Zeitpunkt echte Harmonie bestanden.

Nur wenige Tage später nach diesem Fiasko unterschrieb sie einen Vertrag bei der Produktionsfirma Paramount und begann mit den Dreharbeiten zu einem großen Kinofilm, der sich ironisch mit Situationskomödien und Soap-Operas befaßt – produziert vom bekanntesten Hersteller solcher Serienware, Aaron Spelling (z. B. *Denver Clan*). Der Film heißt *Soapdish*, wurde von deutschen Titelkünstlern in *Lieblingsfeinde – Eine Seifenoper* umgedichtet und von Michael Hoffman inszeniert. Whoopi hatte nur eine kleinere Rolle, doch groß genug, um sich den Frust von *Bagdad Café* von der Seele zu spielen. *Lieblingsfeinde – Eine Seifenoper*:

Celeste Talbert (gespielt von Sally Field) ist der Star des amerikanischen Fernsehens. Tagtäglich steht sie für die Seifenoper The Sun Also Sets, *eine Serie für das Vorabendprogramm, vor der Kamera. Und wie im wirklichen Leben ist Celeste umgeben von Intrigen und Rivalinnen. Vor allen Dingen Mon-*

tana Moorehead setzt ständig den jungen Produzenten der Show unter Druck: David Barnes soll Celeste ausbooten und ihr die Hauptrolle geben. Der Lohn hierfür soll sie selbst sein – Barnes ist schließlich schon lange scharf auf sie.

Doch die Einschaltquoten von The Sun Also Sets fangen an zu sinken, so daß schleunigst neue Drehbücher geschrieben werden müssen – Rose Schwartz, die Autorin dieser Drehbücher und nebenher Celestes beste Freundin, ist gefordert. Vielleicht sollen sogar neue Stars in die Serie eingebaut werden oder wenigstens ein alter, vor fast 20 Jahren durch einen brutalen Tod aus der Serie geschiedener (er war damals bei einem Autounfall geköpft worden ...), wieder aktiviert werden. Jener Jeffrey Anderson hatte seinerzeit großen Erfolg, wird er ihn in diesen Tagen wiederholen können? Anderson, inzwischen zum Schmierenkomödianten abgeglitten, erhält die Rolle des Dr. Randall. Celeste ist darüber entsetzt – denn sie hatte sich damals nach einer heftigen Affäre von Anderson getrennt.

Die junge naive Lori wird verpflichtet, ein stummes Mädchen zu spielen, das bei einer Wohltätigkeits-Veranstaltung mit Celeste auf diese mit dem Messer einstechen soll. Das Attentat mißlingt und Celeste erkennt in dem Mädchen ihre verlorengeglaubte Nichte. Anderson, hinter jedem Rock her, verliebt sich in die junge Darstellerin. Celeste ist außer sich, zumal sich herausstellt, daß Lori nicht ihre Nichte ist, sondern sogar ihre leibliche Tochter aus der Affäre mit Anderson, die sie direkt nach der Geburt weggegeben hatte. Vor laufenden Kameras kommt es zum Eklat zwischen den Serienstars – sie waschen ihre schmutzige Wäsche vor einem Millionenpublikum. Nun nimmt das Drama seinen Lauf und macht das richtige Leben viel spannender als jede Seifenoper.

Das Drehbuch zu diesem Film schrieb Andrew Bergman nach einem Theaterstück von Robert Harling. »Wir versuchten eigentlich nichts anderes, als Dantes Inferno spielerisch nachzustellen – nichts anderes sind tägliche Fernsehserien für die Schauspieler«, meinten die Autoren und verpflichteten neben der eindrucksvollen Riege von namhaften Filmstars auch einige »echte« Serienstars. Finola Hughes, die in *General Hospital* spielt und Stephen

Nichols, einer der altgedienten TV-Helden aus der US-Serie *Days of Our Lives* hatten Gastauftritte.

Auch wenn Whoopi Goldberg scheinbar nur eine Nebenrolle hat – ihr Part als ebenso kluge wie schlagfertige und ausgesprochen feminine Powerfrau und Drehbuchautorin ist die Schlüsselrolle des Films. Denn die von ihr dargestellte Rose Schwartz ist immerhin diejenige, die sich den teilweisen bizarren Produzentenwünschen nach Sensationen verweigern will. Ein Beispiel: »Ich schreibe doch nicht eine Rolle für einen Typen, der keinen Kopf hat.« Und wenn Celeste einmal völlig fertig ist, schickt Rose sie in ein Einkaufszentrum, um Autogramme zu signieren: »Das bringt dich wieder hoch.« Fast alle Kritiker stellen Whoopis Leistung in diesem Film über die der anderen Stars. Henry Sheehan im »Hollywood Reporter«: »Goldberg übertreibt es häufig, doch ihr angeborener Sinn für Humor ist wie eine wertvolle Versicherung ...«

Es war ein Riesenspaß für Whoopi, einmal eine echte, beinahe »normale« Karrierefrau zu spielen, aber: »Diese Klamotten, fürchterlich!« Es ist überliefert, daß Whoopi Goldberg bei Dreharbeiten oft schwierig sein soll – ihre »konstruktive« Mitarbeit macht oft manchem Angehörigen des Teams zu schaffen. Bei *Lieblingsfeinde* soll sie lammfromm gewesen sein – vielleicht weil ihre Hauptpartnerin Sally Field eine Veteranin ist, der man wirklich nichts mehr vormachen kann. Nur einer hatte Probleme mit Whoopi, nämlich Kostümdesigner Nolan Miller. »Meine schwierigste Aufgabe in diesem Film war es zweifellos, Whoopi Goldberg Stöckelschuhe und einen BH anzupassen.«

Lieblingsfeinde war kein großer Kassenknüller. Den Menschen reichen offenbar die Seifenopern selbst aus, sie wollen nicht auch noch wissen, wie es hinter den Kulissen zugeht. Ein Kritiker: »Leider ist das keine Komödie. Der Film ist viel zu ernst, als das man darüber lachen könnte.«

Kleine Preisfrage: Bei welcher Gelegenheit greift Whoopi Goldberg nach einer goldenen Oscar-Statuette und ruft entzückt aus: »Darf ich ihn hochheben?

Ich möchte meiner Mutter danken und ihrer Mutter und ihres Vaters Mutter!« Na? – Ganz falsch. Dies war nicht Whoopis Ansprache anläßlich der Verleihung ihres eigenen Oscars für *Ghost – Nachricht von Sam*: Mit diesem Satz nämlich stellt sie sich als Polizei-Detective Avery in einem der interessantesten und schönsten Filme der letzten Jahre vor. War *Lieblingsfeinde* eine Parodie aufs harte TV-Entertainment, nahm Hollywoodveteran Robert Altman, 1992 das Filmgeschäft aufs Korn. Wenn jemand eine Berechtigung für ein solches Sakrileg hat – Robert Altman hat sie. Hier kurz die Story von *The Player*:

In Hollywood zählen nur Deals und Dollars. Mehr hat auch Filmproduzent Griffin Mill nicht im Kopf. Er hat eine schicke Wohnung, ein teures Auto, eine Kollegin als Freundin und zwei Probleme: Erstens erhält er anonyme Postkarten mit Morddrohungen, die offenbar ein unbekannter Drehbuchautor schreibt, den Mill einst abgelehnt hat. Und außerdem hat er erfahren, daß er im Studio nunmehr einen karrierebesessenen Konkurrenten namens Larry Levy hat. Als Drahtzieher der anonymen Attacken vermutet er David Kahane, einen Autor, den er oft vertröstet hat. Er ruft ihn zu Hause an, erreicht aber nur dessen Freundin June Gudmundsdottir, die angeblich aus Island stammt. Sie sagt ihm, daß Kahane sich in einem Kino einen Filmklassiker ansieht und nicht daheim ist. Mill trifft Kahane in diesem Kino, entschuldigt sich für sein Verhalten und bietet ihm einen Job an. Doch Kahane fühlt sich verschaukelt, und so kommt es zum Streit. Versehentlich tötet Mill seinen Widersacher. Er nimmt Uhr und Brieftasche des Toten an sich, um einen Raubüberfall vorzutäuschen.

Am nächsten Tag läßt Walter Stuckel, der Sicherheitschef des Filmstudios, Mill wissen, daß ihn die Polizei sprechen will, weil er die letzte Person sei, die das Opfer lebend gesehen habe – diese Auskunft haben sie von June. Im gleichen Moment geht eine weitere Morddrohung ein – Mill hat offenbar den Falschen erwischt. Gegenüber der ermittelnden Polizistin Detective Avery streitet er jegliche Verwicklung in die Mordsache ab.

Bei der Beerdigung von Kahane stellt sich Mill June vor, und blitzschnell bahnt sich eine Affäre an. Am nächsten Tag erhält Mill die Nachricht eines Unbekannten, ihn in einem Hotel in der Nähe zu treffen. Doch statt eines Fremden begegnet er einem Filmemacherduo, die ihm ihre Storyidee von einem Staatsanwalt vortragen, der sich Hals über Kopf in eine Frau verliebt, die er wegen Mordes an ihrem Ehemann zum Tod in der Gaskammer vorschlagen muß. Dieser Film soll ohne Stars gedreht werden und kein Happy-End haben. Mill bittet, ihn am nächsten Tag anzurufen. – »Ich wollte, daß du allein kommst« steht auf einem Zettel, den ein Kellner bringt. Als er von dem Hotel losfährt, findet er in seinem Auto eine Klapperschlange. Nervlich am Ende, fährt er zu June – doch noch ist die Zeit nicht reif für eine enge Beziehung. Am nächsten Morgen überzeugt Mill seinen Boß von dem Gaskammer-Projekt.

An diesem Tag muß er aber auch noch einmal zu Detective Avery – und es wird ihm klar, daß man ihn für den Hauptverdächtigen hält. Mit June will er ein paar Tage Urlaub machen, doch als er am Flughafen feststellt, daß er beschattet wird, ändert er das Reiseziel und fährt mit dem Wagen in ein kleines Luxushotel. Dort schläft er mit June, und in einem Augenblick der Schwäche will er ihr die Wahrheit gestehen, doch sie unterbricht ihn mit den Worten: »Ich liebe dich.« Sein Anwalt erreicht ihn in dem Hotel und sagt ihm, daß sein Boß gefeuert wurde und er schnell nach Hause kommen soll, weil die Polizei ihn für eine Gegenüberstellung braucht – eine Zeugin will gesehen haben, wie Kahane zu Tode kam. Doch die Zeugin identifiziert ihn nicht, und Mill macht die Erfahrung, daß in Hollywood alles ein Happy-End hat. Er heiratet June, und selbst der rüde Gaskammerfilm, in dem eigentlich die Unschuldige sterben sollte, geht doch noch gut aus: Julia Roberts wird von Bruce Willis in letzter Sekunde freigeschossen ...

Selbst als sich Monate später – Mill ist längst der Boß des ganzes Studios – der Unbekannte meldet und ihm die Story von einem Produzenten, der einen Drehbuchautor erschlagen hat, anbietet, bleibt er cool und fragt, ob diese Story ein Happy-End hat. Und auch über diesen Punkt werden sich die beiden einig ...

Was macht einen Kinohit à la Hollywood eigentlich aus? »Spannung, Humor, Gewalt, Hoffnung, Herz, nacktes Fleisch, eine Prise Sex und natürlich ein Happy-End«, läßt Altmeister Robert Altman seinen Griffin Mill die Zutaten beschreiben. *The Player* schafft das Meisterstück, diese Ingredienzen aufzuweisen und gleichzeitig mit rabenschwarzem Humor zu parodieren. In dieser radikalen Abrechnung mit den Mächtigen der Filmmetropole, die Altman so gut kennt, war Whoopi Goldberg der Garant für den Faktor Humor. In den wenigen Szenen, in denen sie als Detective Avery auftritt, ist sie so hinreißend komisch, daß man diese Szenen, obwohl sie den Fortgang der Handlung nur unwesentlich mitbestimmen, eher in Erinnerung behält als manche anderen Teile des Films. »Haben Sie zufällig gesehen, wo die Tampons geblieben sind«, fragt Detective Avery in die Runde, als sie gerade den hochkarätigen Produzenten verhört. Diese Szene ist zweifellos die bizarrste in dem ganzen Werk und sie erhält noch eine Steigerung, als eine Kollegin ihr schließlich einen Tampon hinhält. Die Antwort: »Verdammt, Normalgröße. Ich nehme Jumbo!« – und Whoopi-Avery läßt den Normaltampon vor der Nase des Produzenten kreiseln, um wenig später in die Runde zu fragen: »Hat Mr. Mill June Gudmundsdottir gefickt?« – mit anderen Worten: »Ihr dekadenten Hollywood-Macher, ihr glaubt, ihr könnt euch alles herausnehmen und alles erreichen was ihr wollt?«. Und Hollywood-Superstar Whoopi

Goldberg, im Spiel um Macht und Moneten längst selbst Kartengeberin, kennt die Antwort. Sie lautet »Ja« und meint die unglaubliche Arroganz jener Leute, die dort die wichtigen Entscheidungen treffen.

The Player spielte seine moderaten Herstellungskosten um ein Vielfaches wieder ein. Der Film wurde zwar nicht zum »Blockbuster«, nichtsdestotrotz zum Kultfilm – kaum ein moderner Hollywoodkritiker, der nicht daraus zitieren würde, wenn es um eine Generalabrechnung mit der Filmindustrie geht. Und kaum ein Whoopi-Goldberg-Fan, der nicht die lockeren Sprüche, die tapsige Art und die häßlichen Socken von Detective Avery ins Herz geschlossen hätte ...

Nach *The Player* kehrte Whoopi wieder für ein kurzes Gastspiel auf die Bühne zurück. Zusammen mit dem James-Bond-Darsteller Timothy Dalton spielte sie in dem Zwei-Personen-Stück *Love Letters* des Autors A. R. Gurney: »Eine ganz besondere Erfahrung«. Weiteren großen Fernseherfolg hatte sie anschließend mit ihrer dritten TV-Show *Chez Whoopi*, die wiederum vom Privatsender HBO ausgestrahlt wurde. Und zu keinem Zeitpunkt vergaß sie ihre karitativen Aktivitäten – die Liste der Mitgliedschaften, Engagements und von ihr unterstützten Institutionen war längst auf fast 100 Ehrenposten angewachsen. *Comic Relief* mit Billy Chrystal und Robin Williams ist längst nicht mehr wegzudenken aus der US-Fernsehlandschaft, und immer häufiger bat man Whoopi auch darum, als Gastgeberin andere große Sendungen zu moderieren. Sie selektierte solche Bitten sehr stark, sagte schließlich nur bei der Präsentation des Schallplattenpreises »Grammy« Anfang 1992 zu.

Whoopi, in all den Jahren bisher eher als Einzelkämpferin unterwegs und sozusagen stets zweckgebunden engagiert, setzte sich von Ende 1991 an erstmals konkret für eine politische Partei ein – vehement unterstützte sie den Wahlkampf des damaligen demokratischen Präsidentschaftskandidaten Bill Clinton und seines designierten Vizepräsidenten Al Gore. Mehrfach traf sie die beiden und machte sich speziell für die sozialen und umweltpolitischen Aspekte dieses Teams stark.

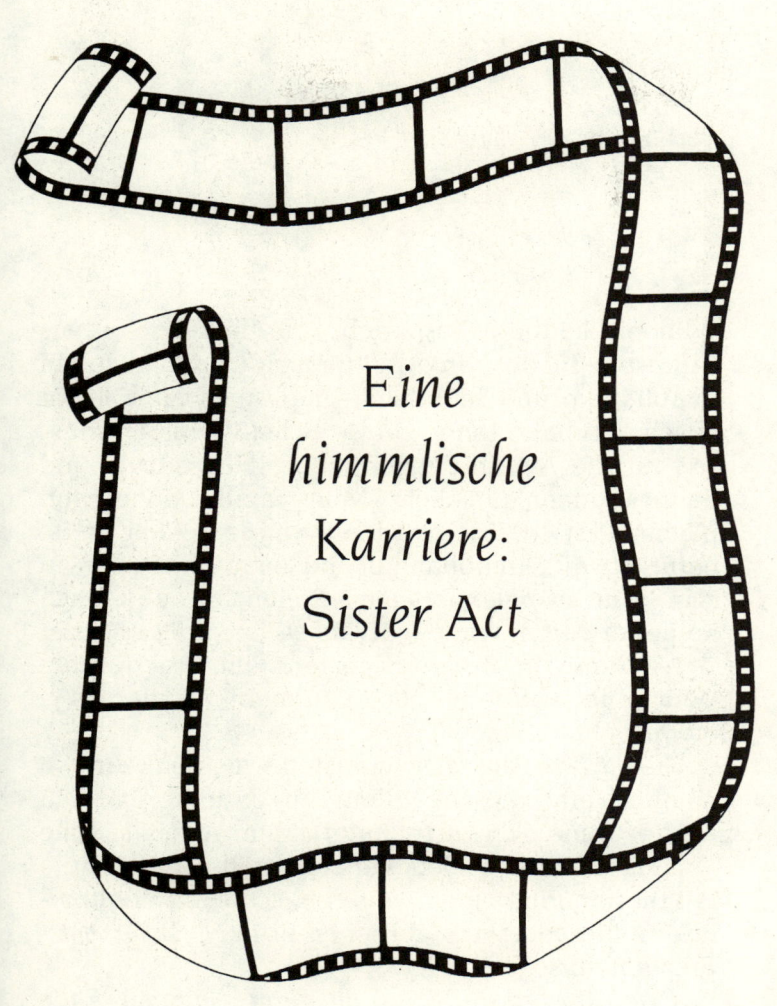

Eine
himmlische
Karriere:
Sister Act

Whoopi Goldberg beschrieb sich einmal selbst als Kuriosum in der Unterhaltungsindustrie: »Ich bin unabhängig und so versteht man mich auch leicht falsch. Ich habe tonnenweise Scheiße fressen müssen für die Art, in der ich meine Haare trug, und dann kommen plötzlich »Milli Vanilli« daher und plötzlich ist so eine Frisur en vogue.« Aber es ist natürlich gut, unabhängig und unvorhersehbar zu sein. Nur so bekommt man Rollen, die eigentlich keiner erwartet, wie die in *Ghost*. Oder die in *Sister Act* – denn in ihrem nächsten Film überraschte Whoopi ihr Publikum noch viel mehr, als man es je erwartet hätte.

Sie spielte das Abwegigste, was denkbar ist: nämlich eine falsche Nonne in einem richtigen Kloster; eine Schwarze unter lauter Weißen; eine Visionärin unter vielen Versteinerten, und landete mit diesem Film einen weiteren, schönen, unglaublichen und beinahe »biblischen Erfolg«. *Sister Act – Eine himmlische Karriere*:

Eine Klosterschule irgendwo in Amerika Ende

der 60er Jahre. Die kleine Deloris wird von einer Nonne nach den Namen der Apostel gefragt. Kurz überlegt sie und legt dann los: Johannes, Paulus, Elvis ...

In einem Casino in Reno, Nevada, viele Jahre später. Die Nachtclubsängerin Deloris Van Cartier singt sich mit zwei Mitstreiterinnen die Seele aus dem Leib. Die Reaktion des Publikums auf die Darbietung ist eher verhalten. Deloris' Hoffnung, eines Tages aus dieser trostlosen Situation herauszukommen, heißt Vince LaRocca und ist der Besitzer dieses Etablissements. Vince ist ein Gangster, der sich bei Bedarf neue Geliebte heranschaffen und bei dieser Gelegenheit die alten kurzerhand »ausknipsen« läßt. Doch noch scheint es nicht so weit, denn er läßt Deloris einen wunderschönen Nerz bringen. Als sie jedoch feststellt, daß die noble Jacke die Initialen von Vinces Frau trägt, stapft sie wutentbrannt in seine Privatgemächer, um ihm das Ding vor die Füße zu knallen. Als sie die Tür öffnet wird sie Zeugin, wie einer von den Schergen des Gangsterbosses gerade den Chauffeur erschießt – und flieht so schnell sie kann. Mit knapper Not entkommt sie ihren Häschern – und jetzt gibt Vince den Befehl zur Ermordung von Deloris.

Deloris vertraut sich der Polizei an, die schon lange darauf wartet, daß sich Zeugen gegen LaRocca finden. Um sie zu schützen, verspricht ihr Kommissar Southern, sie solange vor den Killern zu verbergen, bis der Prozeß beginnt. Die lebenslustige

Deloris hält nichts vom Untertauchen, doch es scheint die einzige Möglichkeit, ihr Leben bis zu Vinces geplanter Verhaftung zu schützen. Polizist Southern wählt den sichersten Ort der Welt: ein Kloster in San Francisco. Dort befindet sich Deloris gleich am ersten Tag im Clinch mit der Mutter Oberin, die ihrer Ansicht nach wie ein »Pinguin« angezogen ist. Ihre Stimmung wird noch schlechter, als sie erfährt, daß die Oberin sie bei den anderen Nonnen als Schwester Mary Clarence ausgibt, die aus »einem etwas freizügigeren« Orden komme ...

In den ersten Tagen benimmt sich Deloris fast nur daneben, doch dann lernt sie ihre Mitschwestern und deren Probleme und Nöte kennen. Nach ein paar Tagen nimmt sie dennoch Reißaus, um sich wenigstens nachts ein wenig zu amüsieren. Zwei Schwestern, Mary Robert und Mary Patrick laufen ihr heimlich hinterher und haben letztlich mehr Spaß an dem Abenteuer als Deloris selbst. Wieder im Kloster angekommen, wird sie von der Mutter Oberin zur Rechenschaft gezogen. Zu allem Überfluß bestätigt ein Anruf des Polizisten Southern, daß Vince im ganzen Land Faxe mit ihrem Konterfei verteilt hat: »Tot oder lebendig«.

Vor Schreck fügt sich Deloris in ihr neues Klosterleben und wird von der Oberin dazu verurteilt, hinfort den Chor der Nonnen, der bis dahin von der gebrechlichen Mary Lazarus geleitet wurde, zu übernehmen. Die Sangesriege des heiligen Konvents ist in der Tat alles andere als wohlklingend

und nach einer kurzen Bedenkzeit ist Deloris alias
Schwester Mary Clarence bereit, aus diesem miß-
tönenden Haufen einen passablen Chor zu formen –
außerdem ist es ja das einzige, was sie selbst gut
kann. Über die Sangesübungen kommen sich Deloris und die Schwestern gegenseitig näher und nach
nur kurzer Zeit ist aus den dünnstimmigen Ver-
schüchterten ein kraftvoller Gospelchor geworden,
der die ansonsten mager frequentierte Kirche des
Konvents bald wieder füllt.

Der Oberin sind die neumodischen Lieder gar
nicht recht, und am liebsten würde sie sich ganz von

Deloris trennen. Der Konventpfarrer allerdings steht zu der neuen Musik, und so kommt es, daß die fidelen Schwestern auch außerhalb der Klostermauern ihrem sozialen Engagement nachgehen können. Doch das hat auch Nachteile, denn Polizist Southern entdeckt seinen Schützling plötzlich sogar im Fernsehen. Noch hat Deloris Glück, Vince nämlich verpaßt die Gelegenheit. Ein korrupter Polizist allerdings verrät Vince per Telefon, wo Deloris sich aufhält, und schon ein paar Stunden später wird sie von den Killern des Gangsters nach Reno entführt. Southern und die Schwestern setzen sich schnurstracks auf die Fährte der längst liebgewonnenen Neu-Schwester, und es kommt zu einem dramatischen Showdown in den Katakomben des Casinos von Vince LaRocca. Dessen Killer verderben schließlich alles, indem sie sich als gläubig-katholische Killer nicht trauen, die vermeintliche Gottesdienerin kaltblütig abzuknallen. Der Gangster wird verhaftet, und Deloris braucht sich nun nicht mehr zu verstecken.

Zum guten Ende dieses Abenteuers treten Deloris und ihr Nonnenchor bei einem ganz großen Ereignis gemeinsam auf: Seine Heiligkeit, der Papst persönlich, ist zu Besuch in der Stadt und klatscht angesichts der heißen Rhythmen dieser ungewöhnlichen Darbietung swingend den Takt mit ... Ein gigantischer nationaler Erfolg, von dem die Titelseiten aller Zeitschriften des Landes berichten, ist vorprogrammiert.

So einfach sich diese klassische »Fish-Out-Of-Water«-Geschichte im ersten Moment anhört, so einfach ist sie tatsächlich gestrickt. Doch mit der wirklich großartig agierenden Hauptdarstellerin Whoopi Goldberg wurde dieser Film für alle Filmzuschauer zu einem wundervollen Kinogenuß, den man nicht alle Tage erlebt. Klöster und Kirchen gelten ja schon seit ihrer Existenz als Trutzburgen für verfolgte Menschen und Nonnen haben die menschliche Phantasie stets beflügelt. Viele weibliche Superstars, darunter Ingrid Bergman, Audrey Hepburn, Sophia Loren und Faye Dunaway haben Nonnen gespielt. Die Idee, Whoopi Goldberg gleichsam als Antinonne im Kloster anzusiedeln, sollte sich auszahlen.

Ob der Film mit Bette Midler, für die die Urfassung des Drehbuchs von Paul Rudnick eigentlich geschrieben worden war, den gleichen Erfolg gehabt hätte? Fest steht, daß Rudnick, nachdem das Drehbuch für Whoopi umgearbeitet worden war, seinen guten Namen gefährdet sah und ihn aus den Credits zurückzog. Joseph Howard, der im offiziellen Abspann des Filmes als Drehbuchautor auftaucht, ist niemand anderes als Rudnick selbst ...

Regisseur Emile Ardolino, der zuvor durch Filme wie *He Makes Me Feel Like Dancing*, *Dirty Dancing* und *Drei Männer und eine kleine Lady* weltbekannt wurde und für das erstgenannte Werk, einen Dokumentarfilm, sogar den Oscar erhielt, erklärte die Grundidee so: »Natürlich ist der Verlauf der Geschichte stark humoristisch geprägt. Deloris, eine clevere Mischung zwischen Hure und Nachtclubsängerin, also das genaue Gegenteil einer Nonne, ist gezwungen, sich im Kloster zu verstecken. Die Überraschung ist, daß sie dadurch Freundschaft, Liebe und zum ersten Mal auch Selbstwertgefühl findet – ausgerechnet an dem Ort, wo sie das nicht erwartet hat.«

Sister Act war übrigens der letzte Film, den Emile

Ardolino realisieren sollte – der Mann, der 1963 gemeinsam mit Brian DePalma an dessen Erstling *The Wedding Party* mitgearbeitet hatte und danach sozusagen der »Tanz-Spezialist« für die Unterhaltungsindustrie wurde, erlag Ende 1993 der Immunschwäche Aids.

Whoopi Goldberg hatte relativ leichtes Spiel mit ihrer Rolle, sicher weil der Part so wunderbar in ihre Vorstellung vom Anti-Type-Casting paßte: »Genau das erwartete man von mir wahrscheinlich nicht. Mir lag sehr viel an Deloris, denn beim Nachdenken darüber, wie ich sie anlegen sollte, wußte ich, daß ein neuer Aspekt zu den komischen und bizarren Figuren, die ich bisher gespielt hatte, hinzukommen würde. Außerdem dachte ich, ich könnte vielleicht einiges dazulernen – und so ist es schließlich auch gekommen. Diese Geschichte handelt von Selbsterfahrung und davon, daß, wenn man offen dafür ist, Hilfe zu empfangen, einem auch geholfen wird. Deloris findet ihr Leben ganz gut, bis sie gezwungen wird zu lernen, was das Wort ›gut‹ eigentlich bedeutet. Diese Nonnen helfen ihr, ihr Leben zu verändern.«

Diese Metamorphose findet unter den wachsamen Augen einer herrischen Mutter Oberin statt, dargestellt von der mehrfach oscarprämierten Darstellerin Maggie Smith (*Die besten Jahre der Miß Brodie*, 1968, und *Das verrückte California-Hotel*, 1978, zuletzt für *Zimmer mit Aussicht*, 1986 oscarnominiert). »Ich habe versucht, sicherzustellen, daß meine Rolle nicht als eindimensionaler Charakter gesehen werden würde«, meinte Maggie Smith. »Ich habe mir viel Mühe gegeben, verschiedene Ebenen und Texturen hinzuzufügen, um den Charakter vielschichtig werden zu lassen. Whoopi und ich hatten großen Spaß dabei, unsere Rollen auszuspielen – zwei starke Frauen, die um die Führungsrolle kämpfen.« Whoopi verstand das als Kompliment und gab es sogleich zurück: »Es war für mich eine große Ehre, an Maggies Seite spielen zu kön-

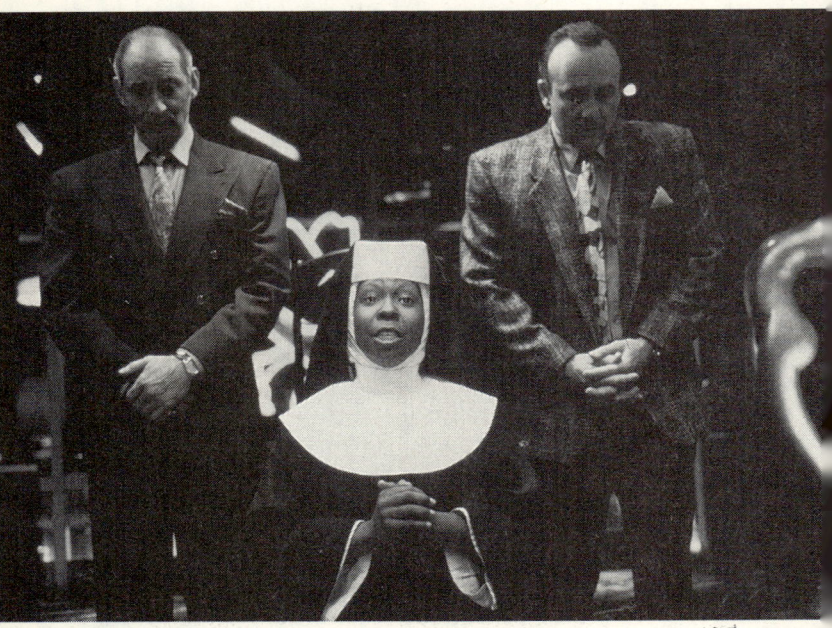

nen. Ich bin ein großer Fan von ihr und war begeistert, als sie für die Rolle zusagte.«

Es war von vornherein klar, daß die Gangster nicht nur »ernst« wirken sollten, sondern leicht absurde Rollen erhalten würden. LaRocca-Darsteller Harvey Keitel sollte seiner Darstellung eine komische Note geben – nicht das geringste Problem für einen Mann, der bereits Gangster in Filmen wie *Hexenkessel*, *Death Watch*, *Wise Guys – Zwei ausgeschlafene Jungs* und *Bugsy* spielte. Zuletzt tötete er als stoischer »Cleaner« in *Codename Nina* mit der Energie eines Raubtiers, das zwar satt ist, aber dem der Appetit nie vergeht. Keitel über Vince LaRocca: »Es war die Frage, wieviel Witz ich dem Charakter zugestehen würde. Es war fast genauso, als ob ich im wirklichen Leben mit Freunden herumalberte. Ich ließ der Figur im Film einfach freie Bahn, damit sie sich genügend amüsieren konnte und ließ sie gleichzeitig Killer auf Deloris hetzen. Es war ein bißchen wie Katz und Maus spielen mit der eigenen Persönlichkeit.«

Eigentlich gab es nur eine einzige ernsthafte Rolle in *Sister Act* – nämlich die des dicken Polizisten Southern. Sein Darsteller Bill Nunn, aus dem Spike-Lee-Filmen *Do the Right Thing*, *Glory* und *Mehr Geld – Mo' Better Blues* bekannt, sah das so: »Ich sage nicht einen einzigen komischen Satz. Normalerweise habe ich einige witzige Einsätze, die Lacher bringen, aber das war etwas anderes. Ernsthafte, geradlinige Rollen können ebenfalls sehr komisch sein – es ist eine Kunst für sich. Es geht um das richtige Timing und darum, in jeder Szene präsent zu sein und sie am Laufen zu halten.«

Drei wunderbare Darstellerinnen hatte Whoopi Goldberg auch als Mitschwestern zur Seite – Regisseur Ardolino achtete darauf, daß er die verschiedenen Eigenschaften der einzelnen Charaktere herausarbeitete, obwohl allen auch ein starker Gemeinschaftssinn übergeordnet sein sollte. Kathy Najimy, die übrigens bereits mit Whoopi in *Lieblingsfeinde* zusammengearbeitet hatte, war die lebenslustige und kontaktfreudige Vertreterin, also diejenige, die durch die Neu-Schwester am wenigsten in Verwirrung gestürzt wird. Im Gegensatz dazu stehen die dünne, verschüchterte Schwester Mary Robert, von der Theaterschauspielerin Wendy Makkena verkörpert und die ältliche, traditionelle Schwester Mary Lazarus, die das Kommando über den Chor an die Neue abgibt – sie wurde von Mary Wickes gespielt, die bereits schon einmal in einer Nonnenkomödie spielte, nämlich 1965 in *Immer Ärger mit den Engeln*. »Damals habe ich gelernt, daß Nonnen in ihrer Kluft nie wirklich ausholende Bewegungen machen. Sie halten ihre Hände normalerweise ziemlich ruhig, die Arme seitlich am Körper. Außerdem müssen sie die hintere Schärpe oder Skapulier beiseite ziehen, bevor sie sich setzen. Diese lustigen kleinen Einzelheiten, die man über die Nonnentracht wissen und beachten muß, sind interessant und machen bei der Darstellung wirklich viel aus. Aber obwohl ich das Outfit wirklich mag, habe ich mich entschlossen, nach diesem Film aus dem Orden wieder auszutreten«, juxte Mary Wickes nach den Dreharbeiten. Wie wir sehen werden, durfte sie später wieder eintreten ...

Die Dreharbeiten zu *Sister Act* begannen im September 1991, nicht bevor sich Whoopi Goldberg für ihre Rolle einer Stimmausbildung unterzogen hatte – denn sie war diesmal immerhin eine Sängerin: »Ich übte mit einem wundervollen Mann namens Seth Riggs. Wir haben einen Monat lang täglich eine Stunde geübt, aber ich singe trotzdem noch am liebsten unter der Dusche. Als Deloris bin ich aber gar keine so schlechte Sängerin, aber natürlich längst nicht so gut wie Patty LaBelle«, scherzte sie. »Am besten gefielen mir die vielen Songs aus den 60ern, hierzu habe ich eine besonders herzliche Beziehung.« Es gab einen Soundtrack zu *Sister Act*, auf dem auch »Deloris + The Ronettes« zu hören waren, wie sich die Gruppe dieses eine Mal nannte. Whoopi singt bei fünf Songs selbst mit: »The Lounge Medley«, »Hail Holly Queen«, »My Guy (My God)«, »I Will Follow Him« und »Shout«. Allein dieser Soundtrack wurde so populär, daß er in die Top 50 der Hitparade vorstieß. In der deutschen Fassung von *Sister Act* sind die Songs im Original zu hören, Whoopis Sprechtexte jedoch wurden von der hervorragenden Sprecherin Regina Lemnitz deutsch synchronisiert – übrigens in allen Goldberg-Filmen die deutsche Stimme des US-Stars.

Viele der Schauplätze des Films waren Original-schauplätze. Das Innere des Klosters wurde von der »Hollywood Methodist Church« gedoubelt, das Kloster und die Kirche selbst war die »St. Paul's Church« im Noe Valley bei San Francisco und das Casino »Fitzgerald's« in Reno lieferte die Bühne für die Szenen mit Vince LaRocca.

Vielen Kritikern von *Sister Act* ging es nach der ersten Inaugenscheinnahme ähnlich wie dem Dreh-buchautor Rudnick – sie waren sich nicht ganz si-cher, wie sie dieses Werk bewerten sollten. Lassen wir für die Amerikaner diesmal stellvertretend Da-vid Ansen, den wortgewaltigen Rezensenten von »Newsweek« zu Wort kommen: »*Sister Act* mag un-beholfen gemacht, schamlos aufbereitet und zy-nisch in seiner spekulativen Art sein, aber man kommt um eines sicher nicht herum: Das ver-dammte Ding ist lustig.«

»*Sister Act* ist einer dieser Filme, die man sofort wieder vergessen darf«, schloß sich Barbara Möller im »Hamburger Abendblatt« dieser Haltung an. »Cineastisch betrachtet, ist er ohne jedes Gewicht. Reine Unterhaltung. Aber wunderbare Unterhal-tung. Zwei Stunden fröhlich swingender Non(n)-sens ... In Zeiten, in denen es generell nur wenig zu lachen gibt, gehört *Sister Act* zu den harmlos-heite-ren Dingen, die das Leben ein wenig aufhellen.«

Sehr viel verbissener sah es Suzanne Greuner in »epd-Film«. Sie schrieb: »Standing Ovations vom Heiligen Vater. Wer hätte das gedacht? Wir haben das gedacht. So wie wir eigentlich alles in diesem Film voraussehen konnten ... Und so ist es eben nicht Kunst, sondern höchstens Kunsthandwerk, was er (Regisseur Ardolino) mit gigantischem Aufwand an Mitteln betreibt. Der großartigen Leistung von Whoopi Goldberg zum Trotz – man durchschaut die Absicht und ist verstimmt.« – Eine Meinung. Millionen Filmzuschauer hatten gegen das Kunsthandwerk nichts einzuwenden und waren alles andere als verstimmt, denn sie machten *Sister Act* zu einem der erfolgreichsten Filme der Saison 1992/93. Fast in jedem Land der Welt, wo das Werk gezeigt wurde, lief es mit geradezu sensationellem Erfolg. Was allerdings der Vatikan dazu gesagt hat, ist nicht bekannt, fest steht aber, daß Johannes Paul II. von einem unbekannten Darsteller namens Eugene Greytak gedoubelt wurde ...

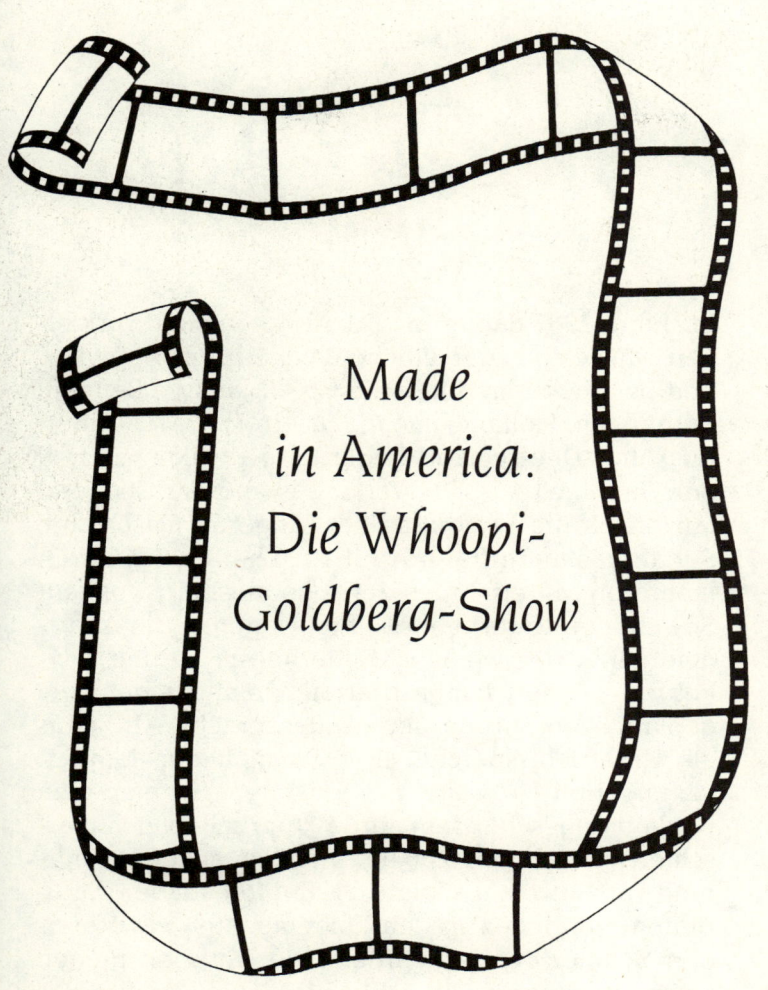

Made
in America:
Die Whoopi-
Goldberg-Show

Im Jahre 1987 gab es am Broadway in New York einen Musicalhit, der etliche Theaterpreise gewann und bei Tourneen durch die USA, Kanada, Belgien, Frankreich, Holland, Japan, Österreich, Großbritannien und Deutschland begeisterte Kritiken erhielt. *Sarafina* hieß dieses Werk, das musikalisch und tänzerisch die Ereignisse der jüngeren Geschichte Südafrikas aufgriff: Im April 1976 hatten Schüler in mehreren Mittelschulen der Johannesburg-Vorstadt Soweto den Unterricht aus Protest gegen die Apartheidpolitik der weißen Minderheitsregierung boykottiert – sie demonstrierten damit gegen die geplante Einführung der Weißensprache Afrikaans als Unterrichtssprache aller Schulen des Landes. Anfang Juni 1976 hatten sich weitere Schulen dem Boykott angeschlossen, am 16. Juni schließlich marschierten mehr als 200.000 Schüler an den Stadtrand von Soweto. Es kam zu Kämpfen mit den Autoritäten, bei denen in den Folgemonaten viele hundert Schüler getötet wurden. Die Unruhen gingen weiter und berührten schließlich alle Aspekte des schwarzen politischen Kampfes. Die Schülerbewegung wurde zur unwiderstehlichen politischen Kraft. Die »Morris Isaacson School«, in der *Sarafina* spielt, ist seit dieser Zeit ein Schwerpunkt dieser Entwicklung. Zunächst die Handlung des Musicals und des daraus resultierenden Films:

Das Mädchen Sarafina träumt davon, einmal ein großer Filmstar zu werden. Ihr wichtigstes Idol aber ist ein Mann, der mit Film nichts zu tun hat. Es ist Nelson Mandela, der inhaftierte Führer der Anti-Apartheid-Bewegung. Sarafinas Vater ist in Mosambik gestorben und ihre Mutter arbeitet als Haushälterin bei einer reichen weißen Familie. Ihre Lehrerin Mary Masembuko vermittelt den Kindern die Geschichte Südafrikas, wie sie nicht in den offiziellen Geschichtsbüchern zu finden ist. Sarafina weiß, daß Mary Verbindungen zu schwarzen Aktivisten hat.

Eines Tages dringen Polizisten in die Schule ein – Mary wird wegen mutmaßlicher Unterstützung einer Terrorgruppe verhaftet. Diese Verhaftung aber wird von den Schülern nicht akzeptiert – sie protestieren, und die Ordnungskräfte eröffnen ohne Vorwarnung das Feuer, viele Schüler werden verletzt, einige getötet. Später sieht Sarafina mit an, wie ein verräterischer schwarzer Polizist von ihren Freunden gelyncht wird. Zusammen mit ihren Kameraden wird sie verhaftet, gefoltert und eingekerkert. Im Gefängsnis erfährt sie vom Tod ihrer Geschichtslehrerin Mary, die sich angeblich aus dem Fenster des Gerichtsgebäudes gestürzt hat.

Nach ihrer Freilassung besucht Sarafina ihre Mutter und drängt sie, sich endlich gegen ihre Situation aufzulehnen. Sie selbst und ihre Freunde organisieren ihren Protest gegen das Regime von nun an musikalisch mit einer Choreographie über Nelson Mandela. Auf der jährlichen Abschlußfeier singen und tanzen die Schüler in ihrem großen Wunschtraum: Freiheit für Mandela, Freiheit für alle Schwarzen in Südafrika: »Freedom is Coming Tomorrow«.

Eine Reihe von Filmemachern hatte versucht, diesen Stoff auf die Leinwand zu bringen, doch erst dem südafrikanischen Produzenten Anant Singh gelang es, das Projekt zu realisieren. Der Autor des Originalmusicals, Mbongeni Ngema, und der Brite William Nicholson schrieben das Drehbuch, der Südafrikaner Darrell James Roodt, der schon zuvor mit Singh gearbeitet hatte, wurde für die Regie verpflichtet. Es war Singhs Wunsch, für die Rolle der Lehrerin Mary Whoopi Goldberg zu verpflichten: »Eine Idee, die wohl gerade deshalb so gute Chancen hatte, weil sie so abwegig erschien«, meinte der Produzent später.

Whoopi Goldberg, die das Musical kannte, las das Drehbuch und sagte augenblicklich ihre Mitwirkung zu. Als erste schwarze amerikanische Schauspielerin, die einen Film in Südafrika drehte, hieß man sie dort besonders herzlich willkommen. *Sarafina* wurde komplett an Originalschauplätzen gedreht, wovon zu Zeiten des Ur-Musicals noch niemand zu träumen gewagt hatte. Zudem hatte die Geschichte den Schülern recht gegeben und die Apartheid zumindest auf dem Papier verbannt, und schließlich war Nelson Mandela seit wenigen Monaten ein freier Mann – nach 23 Jahren Gefängnis. Der Führer des Afrikanischen Nationalkongresses, ANC, persönlich hatte dem Film seinen Segen gegeben und damit auch den Weg dafür freigemacht, daß die meisten anderen Schwarzenorganisationen die Idee unterstützten, den Film in Soweto zu drehen. Nur wenige radikale Organisationen meinten, daß es viel zu früh sei, die Türen für einen solchen Film zu öffnen. Sie beschuldigten Whoopi in ihren Zeitungen, die schwarze Sache zu verraten. Mit einem Anführer einer dieser Gruppen traf sie sich: »Ich sagte, verdammt, wer seid ihr eigentlich, daß ihr mich bedroht? Ihr wißt nichts von mir, nichts! Und sie sagten: ›Ja, da hast du recht‹.«

»Die Ausagen des Films sind klug und richtig – da konnte ich einfach nicht ablehnen«, meinte Whoopi, die damit erstmals in einem ihrer Filme selbst eine derart klare politische Position bezog. Sonst war sie immer nur Spielball der Ereignisse gewesen, doch als Lehrerin Mary stellte sie gleichsam den »Zündfunken« des gigantischen Pulverfasses Südafrikas dar. Auf ihre Rolle bereitete sie sich nicht mit Recherchen aus zweiter Hand vor. Sie ließ sich ausschließlich von Augenzeugen der Ereignisse von 1976 aufklären, sprach mit Schauspielerkollegen und Komparsen, die selbst in die Ereignisse verwickelt waren. Und in Südafrika war Whoopi Goldberg mitnichten der Star – auf jede Art der Sonderbehandlung verzichtete sie natürlich. »Diese Dreharbeiten haben Whoopi die Augen geöffnet«, erzählte Regisseur Roodt in Interviews. »Man hat sie ins tiefe Wasser geworfen und geheißen zu schwimmen. Alles war viel komplizierter, als sie geglaubt hatte. Nicht alle Weißen hier sind böse, und es gibt unendlich viel Rassismus und Gewalt unter Schwarzen. Das zu verstehen, ist wirklich schwer.« Immerhin, Whoopi wurde von Nelson Mandela persönlich in Südafrika begrüßt und herzlich willkommen geheißen.

Andere Prominente machten ebenfalls für *Sarafina* Werbung: Der New Yorker Bürgermeister David Dinkins besuchte den Drehort, ebenso der amerikanische Komponist Quincy Jones und der Musiker Paul Simon.

Regisseur Roodt hält seinen Film für beispiellos: »Wie schafft man den Übergang von Tanz zur Tragödie? Nach Straßenschlachten oder Folterungen tanzt ja normalerweise niemand. Wir haben also versucht, eine ganz einfache Geschichte zu erzählen – je einfacher, desto besser.«

Die Musicalszenen waren dennoch alles andere als einfach – bis zu 70 Tänzer wurden von den Choreographen Michael Peters und Mbongeni Ngema durch die Ruinen und brennenden Wagenschluchten Sowetos dirigiert. Roodt: »Im Hinblick auf das, was Soweto durchgemacht hat, war diese Produk-

tion geeignet, für Unruhe zu sorgen. Doch die Leute von Soweto legten eine überwältigende Hilfsbereitschaft an den Tag. Wo wir hinkamen, begegnete man uns mit Herzlichkeit und Sympathie. Sie begriffen, daß wir auf ihrer Seite standen und ihren Mut und ihre Kraft darstellen wollten.«

Sarafina – A Song of Freedom, ein »Lied der Freiheit«, wie der Film im Untertitel heißt, dokumentiert auf einzigartige Weise die Gefühle der Menschen in den schwarzen Vorstädten Südafrikas. »Gefühle sind wichtiger als Worte«, faßte Ngema einmal zusammen, und so kommt es, daß die explosive Art von Sarafina zu tanzen die Menschen ebenso aufwühlte wie die Szenen, in denen Menschen zu Straßenkämpfern werden. Die afrikanische Sängerin Miriam Makeba, im Film als Sarafinas Mutter zu sehen, erklärte die emotionalen Ausbrüche so: »Wir sind nicht naiv und heiter, weil wir ständig singen. Wir singen, statt zu sprechen. Aus Freude, Trauer, Haß oder Liebe. Das ist unsere Sprache.«

Alle Darsteller des Films, besonders die Hauptdarstellerin der Sarafina, Leleti Khumalo, und natürlich Whoopi Goldberg, spielten ihre Rollen mit ungewöhnlicher Überzeugungskraft: Whoopis Geschichtsstunden sind eindringlich, komisch und lehrreich zugleich – selbst Zweifel spielt sie echt und überzeugend. Die Kritiker erkannten dies an, selbst wenn einige von ihnen unterstellten, Whoopi habe den Film nur gedreht, um jene Glaubwürdigkeit zurückzugewinnen, die sie durch manche Äußerungen, die offensichtlich nicht der Bewegung der Schwarzen in den USA diene, verloren habe. »Verdammt, ich bin gerne Amerikanerin«, entgegnete sie denen, die ihr solche Vorwürfe machten, »ich gehe gern im Einkaufszentrum einkaufen und fühle mich hier auch sonst zu Hause.«

So wurde sie auf eine seltsame Weise zur Hoffnungsträgerin für die Zukunft amerikanischer Unterhaltung: Eine schwarze Schauspielerin, der es gelingt, nicht zwanghaft in Diskussionen über Hautfarben verwickelt zu werden: »In erster Linie bin ich Entertainerin.« Daß sie einen großen Teil ihrer Zeit und eine große Menge ihres Geldes karitativen Einrichtungen unabhängig von Dogmen jeder Art zukommen läßt, verschwieg sie an dieser Stelle und zeigte Bescheidenheit. *Sarafina* war ein Film, über den fast kein Rezensent es wagte, etwas wirklich Abwertendes zu schreiben, doch die positiven Reaktionen konnten nicht verhindern, daß der Streifen den Weg der meisten Filmmusicals ging – von der Leinwand blitzschnell über den Umweg Video ins Filmmuseum. Dort wird man ihn eines Tages wiederentdecken und erneut über seine Qualitäten berichten ...

Zurück in den USA freute sich Whoopi auf ihre Familie – speziell auf Tochter Alexandra und Enkeltöchterchen Amarah. Die drei waren übrigens in einer Werbekampagne des amerikanischen Bekleidungskonzers »The Gap« gemeinsam auf einem Foto zu sehen: »Ich wollte einfach nicht, daß der National Enquirer (Die US-»Bild«-Zeitung) dieses Foto zuerst haben sollte. Also habe ich den Spieß umgedreht.« – Die Kampagne galt als voller Erfolg. Ihre Liebe zu Kindern war so stark, daß sie neben den Vormittagssendungen, die sie für das Fernsehen gemacht hatte, sogar die Zeit fand, ein Kinderbuch zu schreiben. Es wurde Mitte 1992 unter dem Titel *Alice* veröffentlicht und fand eine große Schar kleiner Leserinnen und Leser.

Im gleichen Jahr ließ sich die Schauspielerin auf ein weiteres Fernsehabenteuer ein, von dem viele sagen, es sei das schwerste, was ein Entertainer heutzutage machen könne – sie begab sich in die überfüllte Arena der Spätabend-Talk-Shows im amerikanischen Fernsehen. Unter dem Titel The *Whoopi-Goldberg-Show* huldigte sie der hehren

Kunst des Smalltalks, die Leute wie Johnny Carson und David Letterman zur Perfektion entwickelt haben. Eine ganze Armada von schlagfertigen TV-Stars hat sich seither in diesem Genre versucht und mit Thomas Gottschalk einen Nachahmer in Deutschland gefunden. Und so wie der deutsche Entertainer gerne von der Presse verheizt wurde, wenn ihm irgendein Lapsus unterlief, trat auch Whoopi Goldberg mehrmals ins TV-Fettnäpfchen. Aber warum hat sie diesen Sprung in die Löwengrube überhaupt unternommen? Dem US-Journalisten David Rensin sagte sie hierzu: »Das war kein Karriere-Schachzug. So etwas mache ich nicht. Ich mache Dinge grundsätzlich nur, wenn sie mich interessieren und Spaß machen könnten.« An harter Arbeit hatte Whoopi Goldberg auch stets Spaß – und harte Arbeit war die Show auf jeden Fall: Fünf Monate lang wurden jede Woche drei Tage lang je drei Shows aufgezeichnet – bis 115 Fortsetzungen im Kasten waren – Whoopis Sendung war schließlich als tägliche Show konzipiert.

Die Gäste für ihre Talk-Show suchte sich die Entertainerin zunächst selbst aus; die ersten, die sie verpflichtete, waren ihre Freunde Billy Chrystal und Robin Williams, Schauspieler wie Sean Connery und Jerry Lewis. Doch dann engagierte sie auch Personen der Zeitgeschichte wie den Anti-Irak-General Norman Schwartzkopf, die Witwe des Ex-Präsidenten Johnson und einmal sogar Tom Metzger, den Anführer einer nationalsozialistischen Gruppierung mit Namen »Aryan Nation«, der am liebsten alle Schwarzen wieder nach Afrika schicken würde, wenn er könnte. Whoopi: »Ich wollte hinterfragen, wie diese Leute zu solchen Gedanken kommen, wie sie solche Philosophien in einem solchen Land entwickeln. Wie sind die aufgewachsen, damit sie so werden?«

Whoopi Goldberg wollte, daß ihre Show ein bißchen anders werden würde als die der Mitbewerber in diesem Marktsegment: »Kein Publikum, keine Band, keine Monologe. Ich wollte kein Frage- und Antwortspiel, ich wollte einfach, daß wir da sitzen und etwas aufzeichnen, ganz spontan.« Jeden Abend nur ein einziger Gast. Und so spontan wie Gottschalk in Deutschland mit Schönhuber, so spontan tappte auch Whoopi in die rechtsradikale Falle und bot dem Neonazi ein unerwartetes Forum. Metzger durfte sagen, warum er für die Rassentrennung in den USA sei. Whoopi dazu: »Ich habe ihm gesagt, daß ich so sicher wie die Hölle dieses Land nie verlassen würde. Wir werden diese Typen nicht ändern, aber ich glaube, daß es besser ist zu wissen, was sie vorhaben. Den Dialog aufrechterhalten heißt, sehen zu können, wo die ihre Hände haben.« Eine Meinung, die nicht von jedermann geteilt wurde. Der genannten Organisation war das Interview Anlaß genug für Morddrohungen, weil die Radikalen dadurch erfuhren, daß Whoopi auch mit weißen Männern zusammen war ... Die meisten solcher schriftlichen Drohungen übergibt sie der

Polizei, aber: »Was soll ich machen? Aufhören zu arbeiten? Ich kann nicht ewig auf der Flucht sein und mich verstecken. Und manche, die so denken wie ich, wird es vielleicht erwischen. Aber: Für jeden, den sie auspusten, kommen eine Menge neuer Leute. Und: Sie werden mich niemals mundtot machen. Meine Stimme ist auf Band, auf Platten, in Filmen. Sie werden mich nicht stoppen.«

Trotz einer Reihe von Rückschlägen behauptete sich die *Whoopi-Goldberg-Show* in der ersten Staffel ganz gut gegen Konkurrenten wie Arsenio Hall, David Letterman und Jay Leno. »Aber sie ist zu brav«, meuterten die Presseleute, die Whoopi auch hier gerne als kämpferische Person gesehen hätten und nicht als jemanden, der einfach nur nett plaudert – das machten die anderen schließlich auch alle. Ihr Produzent, Rocco Urbisci, meinte dazu: »Viele Leute kommen nur deswegen in ihre Show, weil sie wissen, sie werden nicht fertiggemacht – sonst würden sie sowieso nicht kommen.« Die Marschroute, es irgendwie jedem recht zu machen, ging langfristig nicht auf, die *Whoopi-Goldberg-Show* wurde nach Abschluß der Dreharbeiten zu ihrem nächsten Film *Made in America* wegen Zuschauermangel abgesetzt. »Zuschauermangel?« ereiferte sich die Betroffene in Interviews später, »wir hatten fünf Millionen Zuschauer! Wenn so viele Leute meine Kinofilme sehen, bin ich Einstein. Aber im Fernsehen gelten andere Gesetze. Das Konzept der Sendung war gut. Ruhig, entspannt, keine johlende Meute. Und Michael Douglas wurde zur Abwechslung mal nicht nach Sharon Stones Vagina befragt.«

Immerhin – mit ihrer Politik, alles Neue einmal auszuprobieren, hatte Whoopi Goldberg bisher meistens Erfolg gehabt, und so ließ sie sich auch auf einen Kinofilm ein, von dem die alten Unken schon im voraus grummelten: »Das Ding geht niemals gut. Sie wird sich schon wieder die Finger verbrennen.« Das Ding heißt *Made in America* und ist in der Tat ein beachtlicher Film – produziert von jenem Michael Douglas, den Whoopi in ihrer Talk-Show so freundlich befragte.

Die Produzentinnen Marcia Brandwynne und Nadine Schiff hatten die Idee als erste: Man stelle sich ein Kind vor, das aus heiterem Himmel erfährt, daß es das Ergebnis einer künstlichen Befruchtung ist, und das beschließt, seinem leiblichen Vater auf die Spur zu kommen – ein Füllhorn für komische Szenen. Später wurde Nadine Schiff Produzentin bei Michael Douglas' Produktionsfirma »Stonebridge« und zeigte ihrem Chef die Story. »Eine einmalige Ausgangsidee«, befand der Meister und heuerte Holly Goldberg Sloan an, das Drehbuch zu schreiben. Arnon Milchan, Douglas' Partner auch bei *Der Rosenkrieg* und *Falling Down,* finanzierte das Werk. Nun wurde Regisseur Richard Benjamin engagiert: »Ein echter Familienfilm. Ein herzerwärmender Blick auf die Schöpfung und die Evolution.«

Als das Drehbuch schließlich Whoopi Goldberg

in die Hände gefallen war, ergab sich ein kleines Problem – denn alle Personen im Drehbuch waren weißer Hautfarbe ... »Ich mochte es sofort«, so Whoopi, »die Idee einer Entdeckungsreise, die Situationskomik, der Humor. Aber eine Weiße wollte ich nicht spielen! Sie wollten eigentlich Jessica Lange die Rolle geben.« »Die Besetzung mit Whoopi Goldberg war der Moment, als die Geschichte richtig gut wurde«, meinte Michael Douglas später, »sie eröffnete ungeahnte Möglichkeiten und gab dem ganzen Drehbuch ein schärferes Bewußtsein, das dem Projekt eine viel tiefere Bedeutung gab, als ursprünglich beabsichtigt.«

Und noch jemand war froh, daß Whoopi plötzlich mit im Boot saß – der zweite Hauptdarsteller Ted Danson (bekannt aus der Fernsehserie *Cheers* und

Kinofilmen wie *Body Heat* und *Drei Männer und ein Baby*). »Ich hatte Whoopi vor ein paar Jahren in der Arsenio Hall Show kennengelernt und wollte einmal mit ihr zusammenarbeiten. Lange habe ich gehofft, daß uns da einmal eine passende Geschichte über den Weg laufen würde.« Und wie diese Geschichte paßte. Erst einmal die Story von *Made in America*:

Sarah Matthews kann sich nicht beklagen. Als selbstbewußte, unabhängige Frau hat sie ihr Leben so eingerichtet, wie es ihrem Naturell entspricht. Der afro-amerikanische Buchladen, den sie führt, spiegelt ihre stolze Haltung und ihr Bewußtsein als Schwarze wider. Ihr Bedürfnis nach einer eigenen Familie hat trotz des frühen Todes ihres Mannes in Form einer Tochter, Zora, attraktive Gestalt angenommen.

Zora möchte aufs College gehen und erfährt bei einem Blutgruppentest zufällig etwas über ihre wahre Herkunft: Charlie Matthews, der noch vor ihrer Geburt starb, kann nicht ihr Vater sein. Zur Rede gestellt, muß Sarah zugeben, daß Zora die Folge eines Besuchs in der Samenbank ist – Charlie konnte keine Kinder bekommen, und so suchte sie einen Unbekannten: »Intelligent, schwarz – und nicht zu groß.«

Zora läßt nicht locker. Zusammen mit ihrem Jugendfreund Teacake, der sie am liebsten zur richtigen Freundin hätte, besucht sie die Samenbank. Teacake lenkt die resolute Angestellte dort ab, und

Zora wühlt in den Computerdaten, um den Mann zu finden, dem sie offenkundig ihre Gewitztheit und ihre Eigenheiten verdankt. Die Kartei wirft Hal Jackson aus, den Inhaber eines stadtbekannten Autosalons. Zora paßt ihn zu Hause ab und ist wie vom Donner gerührt, als sie ihn sieht: Er ist offenbar ein Vollidiot von riesiger Statur und weiß. Im Cowboy-Dress spielt der lockere Hal peinliche Rollen in den Werbespots für sein Autohaus und posiert neben einem ganzen Zoo von Tieren, die sein Regisseur als verkaufsfördernd eingestuft hat. Zora erklärt ihm im allgemeinen Tohuwabohu, sie sei seine Tochter – doch dem alleinstehenden Draufgänger und Freund eines dümmlichen Models ist das reichlich egal. Er denkt nicht daran, für den Schnellschuß in der Samenbank vor 20 Jahren nachträglich einzustehen.

Weinend vertraut Zora ihrer Mutter die vermeintliche Verwechslung in der Samenbank an. Sarah ist wütend, sucht Hal auf und weist ihn an, die Finger von ihrer Tochter zu lassen. Hal ist selbst genervt – denn nichts dergleichen hatte er vor. Im Verlauf des Gesprächs spricht Sarah allerdings gegen ihre Gewohnheit etwas zu stark dem Whiskey zu, so daß Hal sie in ihren Laden fahren muß. Dort sieht er Kinderfotos von Zora an der Wand, und zum erstenmal keimen Vatergefühle in ihm auf. Er beginnt seine eigene, eher traurige Existenz in Frage zu stellen.

Am nächsten Morgen tauchen Mutter und Tochter erneut bei ihm auf, eigentlich nur, um ihm mitzuteilen, daß man sich besser nicht wiedersehen solle, doch mit ihrer Fahrradklingel versetzt Sarah dem Elefanten, der in dem an diesem Tag zu drehenden Werbespot eingesetzt werden soll, in Wut. Es kommt zur wilden Jagd quer durch die Stadt – Sarahs Fahrrad, der Elefant und Hal landen im Wasser, Sarah selbst hat noch einmal großes Glück. Die komplette Szene hat der Werbefilmregisseur festgehalten und da die Bilder im Fernsehen ausgestrahlt werden, ist der Werbeeffekt für Hals Firma so groß, daß am nächsten Tag alle Autos im Shop verkauft sind. Um sich bei Sarah und Zora dafür zu bedanken, bringt er ihnen spontan kleine Geschenke nach Hause: Zora ist gerade im Begriff, mit einem von Hals Mitarbeitern auszugehen – zum Unwillen von Teacake. Sarah läßt sich von Hal zum Abendessen einladen. Der Abend wird recht lustig, und die Zuneigung zwischen Hal und Sarah wächst. Wieder zu Hause, finden sich die beiden später heftig knutschend auf dem Sofa wieder. Zora kommt heim und erwischt Hal mit offener Hose. Doch so hat sie sich das nicht gedacht – sie wollte einen Vater und keinen Mann für ihre Mutter.

Sarah sucht Hal am nächsten Tag auf und erklärt den Abend zum einmaligen Ausrutscher. Doch für ihn ist die Sache noch nicht ausgestanden, denn er ist richtig verliebt in Sarah. Diese verläßt ihn im Zorn und fährt wie besessen auf ihrem Fahrrad nach Hause. Unterwegs hat sie einen Unfall, bei dem sie das Bewußtsein verliert. Gemeinsam mit Hal besucht Zora ihre Mutter am Krankenbett. Die Situation ist kritisch, und sie werden um eine Blutspende gebeten. Als Sarah endlich wieder erwacht, ist die kleine Familie im Unglück vereint, ein Happy-End scheint unvermeidlich. Doch die Auswertung der Blutproben ergibt zweifelsfrei, daß Hal nicht Zoras Vater sein kann, die Daten in der Samenbank haben nicht gestimmt, was durch einen Telefonanruf auch bestätigt wird. Das kurze Glück ist zu Ende, bevor es angefangen hat. Am Tag des Abschlußfestes der High-School aber, kurz bevor Zora ihr Studium antritt, finden die drei wieder zusammen – es ist Liebe über die Grenzen von Hautfarbe und genetischer Vorbestimmung hinweg. Das Schicksal hat nun doch zusammengeführt, was zusammengehört ...

Und das galt wohl auch für Whoopi Goldberg und ihren Filmpartner Ted Danson – die beiden kamen sich während der Dreharbeiten privat ebenso nahe wie vor der Kamera – und hatten viel Spaß miteinander. Ihre Filmtochter Nia Long: »In einer Szene versuche ich Whoopi zu erklären, wie ich die Identität meines Vaters herausbekommen habe. Sie ist wütend und besorgt, weil ich so aufgeregt bin. In einem solchen Moment ist alles drin. Eine Mischung aus Liebe, Frust und Verwirrung, die mir beim Spielen wie echt vorkam. Whoopi und Ted haben ein wundervolles Timing drauf, es war eine wirklich großartige Arbeitsatmosphäre.«

Regisseur Benjamin, der zuvor Filme wie *Meine Stiefmutter ist ein Alien* und *Meerjungfrauen küssen besser* realisierte, sah das nicht anders: »Ich habe ein geradezu unverschämtes Glück gehabt mit Whoopi und Ted. Auch außerhalb der Arbeit kamen wir aus dem Lachen nicht mehr heraus.« Die Chemie zwischen den beiden stimmte in der Tat wunderbar überein. Whoopi: »Wirf diesem Mann irgendetwas zu, und er wird etwas daraus machen.« Danson: »Wir verstanden uns sofort und teilten die gleichen Ansichten darüber, wie sich diese Geschichte anfühlen sollte.« – Und Whoopi läßt keinen Zweifel daran, daß sie sich vorstellen könnte, selbst zur Samenbank zu gehen: »Warum eigentlich nicht? Warum sollten nicht Frauen, die keine Kinder auf natürliche Weise kriegen können, oder auch lesbische Paare, so zu Kindersegen kommen? Politiker und die Kirche sollten sich da 'raushalten. Das geht nur die Frauen etwas an.«

Made in America war ein enormer Erfolg an den Kinokassen – gerade das einfache Strickmuster kam gut an. Die Kritikerzunft gab sich anläßlich des Stoffes eher verhalten – für sie war dieser Film nun wirklich nicht gemacht. Janet Maslin schrieb in der »New York Times«: »Die Szene nach dem Abendessen war so ehrlich und echt, daß Mr. Benjamin keinen Grund hatte, seinen Darstellern zu erklären, wie man am effektvollsten die Möbel ruiniert. *Made in America* ist am lustigsten, wenn der Humor am wenigsten erzwungen wirkt.« Angeblich soll die Kuß-Szene zehnmal wiederholt worden sein und die Akteure hätten ihre Zuneigung zueinander nicht verhehlen können. »Da war nichts mehr gespielt«, sagte ein Beobachter, »alles echt«. Whoopi erinnert sich: »Schön war das. Meinen ersten Filmkuß bekam ich von einer Frau in *Die Farbe Lila,* und seitdem bin ich nicht mehr im Film geküßt worden.«

Die private Beziehung zwischen Danson und Whoopi schlug in der Öffentlichkeit hohe Wellen. Ende 1993 kam es im berühmten New Yorker Comedy-Club »Friars« zum Eklat, als Ted Danson mit schwarz bemaltem Gesicht eine »Neger«-Parodie hinlegte und obszöne Witze sowie intime Details aus seinem Zusammenleben mit Whoopi zum besten gab. Whoopi nahm's gelassen, die Presse aber stempelte Danson zum Rassisten.

Gleichgültig, ob die ganze Affäre zwischen den beiden nur ein PR-Gag war oder nicht, Whoopi haßt nichts so sehr wie Presseleute, die sich »politisch korrekt« verhalten, das heißt, Witze auf Kosten der Schwarzen an den Pranger stellen: »Wie jeder weiß, ist dieser Club der obszönste und schweinischste Stand-Up-Comedy-Club der USA, das war vollkommen in Ordnung. Aus dem, was dort jeden Abend geschieht, basteln einige politisch Korrekte einen Skandal. Ted wurde vorgeworfen, daß er unser Sexleben verarscht hätte. Die prüden Weißen sollten erst mal einen schwarzen Komiker über das Thema hören. Mein Motto ist und bleibt: Fuck them if they can't take a joke.« Müssen wir das übersetzen?

Whoopi, selbst trotz einiger Widrigkeiten im Grunde ein Familienmensch, meinte abschließend zu *Made in America*: »Was wir gelernt haben ist, daß eine Familie nur so gut ist wie das, was man daraus macht. Wahre Liebe kennt keine Hindernisse. Dabei ist es völlig egal, ob man schwarz oder weiß, Jude oder Katholik oder sonst was ist. Das ist doch vor allem ein Film über Vorurteile. Was man hier im Film sieht, sind Leute, die zueinander finden, und das ist etwas, das wir beim Drehen auch erleben durften.«

Die »Süddeutsche Zeitung« witterte schweres Kaliber hinter dem Film: »Auch hier liegen hinter dem vordergründig Sichtbaren latent zwei ganz gegensätzliche Filme, hinter den glänzenden bunten Oberflächen, hinter all dem Geschrei und dem zappeligen Gewühl eine märchenhafte Romanze und hinter den schwerfällig inszenierten Ereignissen und dem schleppenden Rhythmus eine beißende Satire.« »epd-Film« sah es ein wenig anders: »Auf halber Strecke verfällt *Made in America* vollends dem Plan, aus dem programmatisch farbenfrohen Allerlei eine Kleinfamilie zu schmieden ... Den zerrütteten Familiengedanken ins Reich der Multikultur zu evakuieren, ist ihre vornehmste Bestimmung und sein erfreulichster Profit ... Der Film, der so köstlich begonnen hatte, endet verdientermaßen qualvoll ...« Und dieser Rezensent, vielleicht auch an der Kleinfamilie gescheitert, erhält Unterstützung von der Hauptdarstellerin, wie wir wissen, selbst alleinerziehende Mutter: »Eine Schande, daß die Medien einem dauernd einreden, ein Kind müsse unbedingt zwei Elternteile haben. Ich habe im Fernsehen immer heile Familien gesehen, und es hat mir ganz schön gestunken, daß es bei uns nicht so war. Aber die gesellschaftlichen Normen haben sich ja inzwischen verändert.«

Man darf sehr gespannt sein, was aus *Made in America Teil II* wird. Ob sich da wohl Sarahs tatsächlicher Samenspender findet? Schließlich könnte sich Zora sogar in den Jungen verlieben, der sich als das »Samenbankergebnis« von Hal herausstellt. Dann wäre ihr Freund gleichzeitig ihr Bruder ... Fest steht, daß dieser Film produziert wird. Auch eine Fortsetzung von *Ghost* wird diskutiert, eine Fortsetzung, in der Oda Mae Brown eine tragende, größere Rolle zukommen soll als im Originalfilm.

The Whoop
Goes On:
»Ich hab' noch
eine Menge vor«

Angeblich gibt es im Hollywoodkino keine guten Frauenrollen mehr – immer öfter liest man entsprechende Klagen der Stars zu diesem Problem. Was meint Whoopi dazu? »Quatsch. Ich habe jetzt zehn Jahre ununterbrochen gearbeitet und muß viele dieser Frauen einfach fragen: Bist du bereit, eine Mutter von drei erwachsenen Kindern zu spielen? Bist du bereit, einmal nicht die jugendliche Hauptrolle zu übernehmen? Bist du bereit, einmal eine Putzfrau zu mimen?« Für sich selbst, die all diese Erfahrungen inzwischen abhaken konnte, sieht sie überhaupt keine Rollenknappheit: »Aber man muß sich schon ein bißchen strecken, wenn man älter wird.« Ehrlich währt am längsten ... Und ist letzlich am lukrativsten.

Für einen neuen Kinofilm beansprucht Whoopi inzwischen alle nur erdenklichen Superstar-Annehmlichkeiten: Sie will bei der Auswahl der Regisseure gefragt werden, am Drehbuch mitfeilen und ihre Gage selbst bestimmen – ein Umstand, der besonders den Chef der Disney-Studios, Jeffrey Katzenberg, beinahe zum Verzweifeln brachte. Whoopi grinsend: »Nach dem Erfolg von *Sister Act* hätten die Disney-Leute am liebsten schon vorgestern die nächsten drei Teile abgedreht. Da sie dazu aber mich brauchen, mußten sie meine Bedingungen akzeptieren.« Und diese Bedingungen waren gewaltig, denn Whoopi wollte eine Acht-Milionen-Dollar-Gage – neben den erwähnten künstlerischen Freiheiten: »Mein Honorar für *Sister Act II* machte mich für eine Weile zur bestbezahlten Schauspielerin aller Zeiten. Das finde ich wirklich cool. Ich wollte damit erreichen, daß das Studio anerkennt, daß *Sister Act* dank mir 140 Millionen Dollar einspielte. Das haben sie durch diese Zahlung getan. Aber glauben Sie mir, das Geld ist praktisch schon wieder weg! Steuern, Agenten, Rechtsanwälte – es gibt so viele Menschen in meinem Leben. Außerdem: Dieses Honorar war die Entschädigung für all den Schrott, der in den letzten Jahren über mich berichtet wurde. Ach, übrigens: Julia Roberts hat mich jetzt kürzlich eingeholt. Auch sie bekam acht Millionen Dollar für ihren neuen Film. Ich muß noch manchmal daran denken, daß die Leute mich früher als weiblichen Eddie Murphy gehandelt haben. Diese Erwartungen konnte ich nie erfüllen, und jetzt hole ich die Leute alleine ins Kino.«

Wie sieht also so ein Film aus, von dem ein Studio meint, er müsse sichere Millionen machen? *Sister Act II*:

Wie wir wissen, legen die guten Schwestern des

Konvents »St. Catherines« großen Wert auf Missionsarbeit außerhalb der Klostermauern. Eines Tages verlagern sie ihre Aktivitäten in eine Innenstadtschule, in der es von verzogenen Schülern nur so wimmelt. Die Hölle ist los in dieser Schule, viele der Jugendlichen gehörten eher ins Gefängnis als dorthin. Die Nonnen, darunter auch die Schwestern Mary Patrick, Mary Robert, Mary Lazarus und die Mutter Oberin sind weit davon entfernt, mit dem zügellosen Haufen fertig zu werden. Doch da erinnern sie sich an ihre Freundin Deloris, die einst im Nonnenkostüm Unglaubliches bewirkt hat – vielleicht kann sie dieses Wunder wiederholen?

Die Gebete werden erhört: Die Nonnen finden Deloris in Las Vegas, wo die schon wieder so tief in die Abgründe des Showbusiness verstrickt ist, daß es an der Zeit ist, Buße zu tun und die Kutte wieder anzulegen. Die Schüler glauben natürlich, es mit einer echten Ordensschwester zu tun zu haben, die leicht kleinzukriegen ist. Außerdem ist Mr. Crisp, der düstere Schulverwalter, ebenfalls nicht auf der Seite der schwarz-weißen Gottesdienerinnen.

Was mit einem Reigen lustiger Pennälerstreiche beginnt, schlägt bald eine härtere Gangart ein. Schwester Mary Clarence, wie Deloris jetzt wieder heißt, sorgt als Musiklehrerin für neuen Schwung in der Schule und gewinnt nach und nach das Vertrauen der Schülerinnen und Schüler. Mit ihren unkonventionellen Inszenierungen schockt sie sowohl die alteingesessenen Priester als auch die schlimm-

sten Schüler. Selbst der deutsche Gastmönch Pater Wolfgang, der die Rasselbande stets mit bajuwarischen Wurstwaren versorgt, ist beeindruckt. Aus der Höllenbrut wird schon bald ein himmlischer Hip-Hop-Gospelchor, der zum Schluß einen Wettbewerb unter vielen Sängergruppen von Schulen aus dem ganzen Land gewinnt und eine Rap-Nummer abzieht, die ebensogut in MTV laufen könnte wie in jener Kirche ...

Diese nette Geschichte haben wir übrigens nicht etwa Whoopi Goldberg zu verdanken, sondern einer authentischen schwarzen Musik-Lehrerin aus Los Angeles. Die Schlußtitel von *Sister Act II* verdanken wir »Iris Stevenson, deren Geschichte diesen Film inspirierte«: Frau Stevenson nämlich lehrte an der »Crenshaw-High-School« in South Central, der düstersten Ecke von Los Angeles, und ihr Chor, der sich aus ehemaligen Schulschwänzern rekrutierte, hatte weit über die Grenzen von Los Angeles hinaus Furore gemacht. Schon für *Sister Act* war Whoopi Goldberg zu Iris Stevenson gefahren, um zu lernen, wie man eine scheinbar unmusikalische Schüler-Schar (in diesem Fall waren es ja die Nonnen) in einen stimmigen Chor verwandelt. Erst ein Jahr nach dem Erfolg von *Sister Act* kam die Idee auf, auch diese Geschichte in ein Drehbuch zu fassen, ein weiteres Jahr mußte vergehen, bis dieses Drehbuch tatsächlich *Sister Act II* inspirierte.

Eines der vielseitigsten Talente des schwarzen amerikanischen Kinos ist Bill Duke, der seit vielen Jahren vor und hinter der Kamera zu Hause ist. In den Schwarzenegger-Filmen *Predator* und *Das Phantomkommando* bestätigte er seine Reputation als omnipräsenter Darsteller, in den letzten Jahren wurde aus dem erfolgreichen Mimen ein ebenso erfolgreicher Regisseur, der Kino- und TV-Filme und über 70 Episoden von Serien zur besten Sendezeit, darunter viele Folgen von *Miami Vice*, *Cagney und Lacey* und *Dallas* inszenierte. Dieser Bill Duke war der Wunschregisseur der Hauptdarstellerin Whoopi Goldberg für die Fortsetzung von *Sister Act*: »Der Film ist mehr als eine Fortsetzung, in der Deloris den Nonnen zurückzahlt, was die Gutes für sie getan haben. Natürlich treffen wir alle Freunde des ersten Teils wieder, aber eine ganze Reihe neuer Ideen kamen dazu. Die Mischung aus Alt und Neu war für mich der Hauptgrund, zuzusagen. Die alten Charaktere in einer neuen, noch viel mehr herausfordernden Situation – so war es gedacht.«

Gleich in der Anfangsszene des Film erleben wir Whoopi Goldberg, die ihre Musiknummern natürlich wieder selbst sang, mit 18 verschiedenen Songs, in drei verschiedenen Kostümen, mit drei Background-Sängerinnen und zehn Revuetänzern in einem Lichtermeer. Regisseur Duke, der Musikkoordinator Marc Shaiman (übrigens auch verantwortlich für die Musik-Medleys der Oscar-Zeremonien der letzten Jahre), Choreograph Michael Peters, die Kostümdesignerin Francine Jamison-Tanchuk und Produktionsdesigner John DeCuir jr. schufen diese Orgie fürs Auge gemeinsam mit ihrer Hauptdarstellerin. Bühne 3 der Warner-Hollywood-Studios war eigens in einen Las-Vegas-Showraum umgebaut worden. Marc Shaiman: »Whoopi und ich trafen uns einige Male und einigten uns auf diese Liste von Liedern, die sie singen sollte. Es sollten Lieder bzw. Teile von Liedern sein, die jeder kannte und die dennoch Teile von Deloris' Geschichte erzählten. Wir hatten sehr viel Spaß zusammen, und zwischen all diesem Gelächter schafften wir tatsächlich auch noch unsere Arbeit.«

Das Singen fiel Whoopi Goldberg diesmal erheblich leichter – die Erfahrungen aus dem ersten Teil von *Sister Act* kamen ihr zugute. Schließlich wußte sie auch schon, daß das Publikum sie in einer Gesangsrolle akzeptierte, das schuf Selbstvertrauen.

»Sie ist allerdings nach wie vor davon überzeugt, unter der Dusche besser zu singen«, lachte Shaiman. Und Whoopi: »Daß die Leute das mochten, war eine unerwartete Reaktion für mich. Das hat meinen Spaß an dem Projekt erheblich gesteigert.«

Die Nonnen-Hauptdarstellerinnen aus dem ersten Film, also Kathy Najimj, Mary Wickes, Wendy Makkena und Maggie Smith, erhielten im Film männliche Gegenparts, die die Wirkung ihrer Rollen noch verstärken sollten. Diese Priester, die auch an der Schule als Lehrer tätig sind, wurden von Michael Jeter, Barnard Hughes und Brad Sullivan gespielt. Dazu kam noch James Coburn als bitterböser Schulverwalter, der wie in alten Zeiten als Schurke vom Dienst agierte und die Aktivitäten der

Nonnen und ihrer Schüler zu hintertreiben suchte.

Die gesamte Crew von etablierten Altstars spielte gegen eine Gruppe von unverbrauchten Jung-Darstellern, die als ungezogene Schüler ihre Altvorderen zur Verzweiflung bringen. Aus über 3000 Bewerbern für diese Rollen waren schließlich 23 ausgewählt worden, die allesamt singen, tanzen und schauspielern konnten. Regisseur Duke: »Diese Kids zu finden, war eine Herausforderung, die ich zunächst unterschätzt hatte. Doch wir haben großes Glück gehabt.« Und auch von Whoopi gab's ein dickes Lob für die Jungstars: »Wie diese jungen Leute die filmische Disziplin gelernt haben, war großartig. Die Art, wie sie Freude, Leidenschaft und Frustration zeigten – das alles beeinflußte ihr Verhalten am Drehort und schließlich auf der Leinwand. Sie waren wundervoll und haben manchmal unglaublich genervt, wie junge Leute eben nerven. Manchmal war das alles eine Geduldsprobe. Aber über ihre Talente gab es keine Zweifel, und ich muß mich nachträglich vor allen verbeugen. Das war wirklich kein Film, der leicht zu drehen war. Die haben ihre persönlichen Erfahrungen weggesteckt und ein Stück Papier zum Leben erweckt.«

Die jugendlichen Darstellerinnen und Darsteller gaben dieses Kompliment unverzüglich zurück. Zum Beispiel Ryan Toby, der einen aufsässigen Sechzehnjährigen spielt: »Sie hat mir beigebracht, wie man anderen Menschen einfach zuhört. Ich habe wirklich gelernt, meine Gedanken so auszudrücken, daß andere Leute zuhörten. Das hatte ich vorher nur selten erlebt.« Jennifer »Love« Hewitt, die Jüngste der Gruppe, war ebenfalls dankbar für Whoopis pädagogische Fähigkeiten und erzählt: »Sie hat jedem von uns einen Regiestuhl gekauft. Wir haben uns bei ihr bedankt, und sie hat gesagt: ›Dankt mir nicht, denn mit diesen Stühlen geht eine große Verantwortung einher, und wenn ihr nicht professionell seid und den Job so gut macht, wie ihr eben könnt, dann verdient ihr nicht, auf diesem Stuhl zu sitzen!‹« Eine besondere Erwähnung verdient Lauryn Hill, die Darstellerin von Rita Wilson, jenem Mädchen, das gegen den Willen seiner Eltern seinen eigenen Weg geht. Sie spielte so gut, daß sich innerhalb weniger Wochen nach Filmstart zahlreiche neue Filmangebote einstellten. Ebensogut könnte sie aber auch Sängerin werden – kürzlich brachte sie ihre erste Platte heraus, mit einer Band namens »The Fugees«.

Für Whoopi war dieser zweite Ausflug ins Nonnendasein dennoch voller Überraschungen: »Irgendwie war es schon ein Schock für mich, diesen Nonnenkram wieder anzuziehen. Aber es war wunderbar, von diesen Kindern umgeben gewesen zu sein und der faszinierenden Crew. Diese Dreharbeiten waren ein einziges Geben und Nehmen, wo jeder seinen Anteil hatte. Und ich glaube, jeder von uns hat etwas davon mit nach Hause genommen.«

Als weiteren Filmpartner fand sie übrigens einen Talkmaster-Kollegen, der in Deutschland sehr bekannt ist: Thomas Gottschalk spielte den Koch der Klosterschule, sein Rollenname ist Pater Wolfgang. Ein Kritiker über Gottschalks Leistung in der Multi-Millionen-Dollar-Komödie: »Nicht schlechter als seine Rolle in *Piratensender Powerplay* – aber auch nicht besser« ... Whoopi im Interview mit dem Journalisten Richard Pleuger über den blonden Entertainer: »Man sagte mir, Thomas wäre der David Letterman Deutschlands. Die Tatsache, daß ich ein Filmstar bin, erlaubt mir, vieles zu glauben. Auf jeden Fall ist Thomas ein charmanter, lieber Mann.«

Sister Act II war selbstverständlich nicht als Film für Filmkritiker angelegt – ebensowenig wie der erste Teil der Nonnen-Saga. Nichtsdestotrotz aber nehmen sich die Damen und Herren der Feder gerade solche Filme besonders unter die Lupe, die im Kino einen Vorgänger hatten: »Die Fortsetzung leidet unter der lahmen, zuckersüßen Prämisse und dem tödlich ernsten Anspruch«, schrieb Caryn James Ende 1993 in der »New York Times« und lobt eigentlich nur die Rap-Nummer »Ain't No Mountain High Enough«, die das Ensemble zum Abspann gibt. »Völlig daneben«, urteilt das Showblatt »Entertainment Weekly« und jammert: »Es dauert ewig, bis dieses Ding in die Gänge kommt ... James Coburn soll einen Bösen darstellen – er macht gar nichts Böses ...« Die »Los Angeles Times«, ebenfalls zumeist einflußreich und vorausschauend, bedauerte »Beim zweiten Film ging die Energie des ersten einfach verloren ... daß die Fortsetzung ein bißchen an das Original erinnerte, reicht bei weitem nicht aus.« »Variety«, die Branchenbibel aus Hollywood: »Ein Beweis, daß manche Filme einfach nicht für Fortsetzungen gemacht sind. Das Publikum mag allerdings anderer Meinung sein.«

Das Publikum war offensichtlich anderer Meinung, denn es entschied sich, den Film nicht fallenzulassen. Publikumszeitschriften wie die populäre »USA Today« räumten *Sister Act II* immerhin noch drei von vier möglichen Sternchen auf der Haus-Skala ein, und die Einspielergebnisse in den USA waren entsprechend. Von einem sogenannten Blockbuster-Hit wie *Sister Act* war die Fortsetzung zwar weit entfernt, aber ca. 70 Millionen Dollar Einspielergebnis (gegen 140 Mio. für Teil I) sind ja auch eine Menge Geld. Wenn man weltweit abrechnet und die Erlöse aus Video-, Fernseh- und Plattenverkäufen dazurechnet, dürfte *Sister Act II* trotz mancher Schwäche noch eine recht rentable Angelegenheit für die unter dem Euro-Disney-Desaster leidende Walt-Disney-Company gewesen sein.

Wird es angesichts der beiden Erfolge je einen dritten Teil zu *Sister Act* geben? Die Antwort auf diese Interviewfrage anläßlich der Pressetermine für Teil II fiel – zumindest von Whoopis Seite – eindeutig aus: »Mit mir ganz sicher nicht.«

Anfang 1994 kam *Naked in New York* in die Kinos, ein Film des Martin Scorsese-Schülers Daniel Algrant, in dem ein New Yorker Künstlerpaar, dar-

gestellt von Eric Stoltz und Mary-Louise Parker, in ein Beziehungschaos gerät. In dem Film treten viele bekannte New Yorker Theaterleute, eine Reihe von Filmstars, darunter Timothy Dalton, Jill Clayburgh und eben auch Whoopi Goldberg in Nebenrollen auf.

Mitte 1994 bringen die Walt-Disney-Studios einen neuen, großen Zeichentrickfilm mit dem Titel *The Lion King* (Der Löwenkönig). Elton John und Tim Rice *(Jesus Christ Superstar)* schrieben die

Musik zu diesem Film, in dem die Abenteuer des jungen Löwen Simba, der nach dem Tod seines Vaters von seinem bösen Onkel aus dem Revier vertrieben wird, geschildert werden. Eine Reihe von prominenten Darstellern leiht den animierten Figuren ihre Stimme – eine der prominentesten unter ihnen ist Whoopi Goldberg. Für die deutsche Fassung ist das allerdings irrelevant; ob die Synchronregie hier Whoopis engagierte Sprecherin Regina Lemnitz verpflichtet?

Bereits gegen Ende des Jahres 1992 erklärte sich Whoopi bereit, mit der Produktionsfirma »New Line Pictures« einen Film mit dem Titel *Corrina, Corrina*, in dem sie neben Ray Liotta die Hauptrolle spielen sollte, zu drehen. Rund 2,5 Millionen Dollar bot man ihr für ihre Mitwirkung, doch nachdem die Disney-Leute sie mit dem erwähnten Spitzengehalt von acht Millionen Dollar für *Sister Act II* geködert hatten, standen die Kollegen erst einmal auf Warteschleife – *Corrina, Corrina* wurde vertagt bis nach Abschluß der Disney-Dreharbeiten. Whoopi versprach: »Aufgeschoben, aber nicht aufgehoben«. Ein weiteres Projekt mit dem Titel *Boys on the Side* plante der Regisseur Herbert Ross seit längerem mit Whoopi, aber auch er wurde vertröstet. Whoopi Goldberg hielt Wort. Zuerst drehte sie *Corrina, Corrina*, eine der ungewöhnlichsten Love-Stories, die das US-Kino seit langem offerierte:

Los Angeles, 50er Jahre: Der gutaussehende junge Witwer Manny Singer, ein Komponist für

Werbefilmmusiken, der mit seiner achtjährigen Tochter Molly alleine nicht zurechtkommt, sucht eine Haushälterin. Er findet die stets gutgelaunte und unkonventionelle Corrina, die den Job schließlich annimmt. Schon nach kurzer Zeit bekommt sie Zugang zu dem zurückgezogenen Kind – sie singt und tanzt sich förmlich in das kleine Herz hinein. Die Welt der Kleinfamilie ist plötzlich völlig auf den Kopf gestellt. Und dann faßt das kleine Mädchen den Entschluß, ihren Papa und dessen Haushälterin zusammenzubringen. Und gegen den Rest der Welt gelingt das Unmögliche . . .

Das Drehbuch stammt von Jessie Nelson, die mit diesem Film auch ihr Regiedebüt absolvierte. »Whoopi konnte ihr gesamtes Improvisationstalent in diese Arbeit hineinlegen, besonders in den Szenen mit der kleinen Tina Majorino spielt sie großartig. Erstaunlich, wie gut auch Ray Liotta mit einer Komödie zurechtkommt. Bisher hat er meistens nur Schurken gespielt – es war spannend, die andere Seite seiner Persönlichkeit zu entwickeln.« Liotta, aus *Goodfellas, Unlawful Entry* und *Feld der Träume* bekannt, verstand sich bestens mit Whoopi – auch privat.

Der Film war kaum abgedreht, da wurde Whoopi wieder einmal von der Presse geplagt. Zunächst wurde ihre Freundschaft zu Liotta auf der Stelle zur »Affäre« hochstilisiert, dann ließ sie in einem Krankenhaus in Los Angeles einen kleinen kosmetischen Eingriff vornehmen, was Boulevard-Journalisten zu der Headline »Whoopi Goldberg läßt sich den Riesenbusen verkleinern, weil sie sich nicht mehr leiden kann« aufbauschten. Ihr trockener Kommentar: »Der Müll, den man über mich schreibt, macht mir schon etwas aus. Man darf sich aber nicht zuviel darüber aufregen, sonst schießen die sich auf einen ein. Jeder Star ist nun einmal das Opfer der Woche. Gerade war es Michael Jackson, den sie im Fernsehen und in der Presse zerfleischt haben. Wer wird wohl der nächste sein? Die Hysterie der Presse über mich hat eben mit der Realität nichts zu tun. Ich würde die Aufregung um mich verstehen, wenn sie mich beim Verspeisen einer Leiche in meinem Wohnzimmer finden würden.«

Es gab auch positive Nachrichten für Whoopi in dieser Zeit: Anfang Februar 1994 wurde sie gebeten, die Nachfolge von Billy Chrystal als Moderatorin der alljährlichen Oscar-Präsentationen zu übernehmen – eines der größten regelmäßigen Medienereignisse überhaupt, denn diese Feier wird von ca. zwei Milliarden Menschen in aller Welt gesehen. Whoopi versprach bereits im Vorfeld, daß es eine unverwechselbare Show werde, und sie garantierte weiter, daß sie diese Gelegenheit auf keinen Fall zur Polit-Show mißbrauchen werde, in der sie bestimmte Interessen vertreten würde.

Über ihre Wirkung nach außen sagt sie heute: »Ich werde mein Verhalten in der Öffentlichkeit nicht ändern. Es wäre ganz falsch zu versuchen, jene Persönlichkeit anzunehmen, die die Leute von

mir erwarten. Ich war immer schon unanständig, und darauf bin ich stolz. Wenn ich zu McDonalds gehe, merken die Leute, daß ich wirklich ich selbst bin und keine Kunstfigur. Trotzdem bin ich eine Ikone, und ich liebe es.« Längst wissen wir, daß sie es haßt, die Vorzeigeschwarze Amerikas zu sein, so wie sie es generell ablehnt, Dinge nur deshalb zu tun, weil man einer Rasse, Gruppierung, Partei oder Organisation angehört – es gibt schließlich niemanden auf der Welt, der alles richtig macht: »Diese politische Korrektheit ist ein großer Haufen Scheiße. Was für ein verlogener Begriff. Politisch korrekt ist es, wenn ich das ›Richtige‹ sagen würde und nicht das, woran ich glaube. Diese ›richtige Sache‹ steht in irgendwelchen Büchern. Ich halte das für unehrlich. Jemand entscheidet, daß man unkorrekt ist, wenn man raucht, abtreibt, schwul ist, aus Deutschland kommt oder einen Witz über jüdisch-amerikanische Prinzessinnen macht. Wer maßt sich das Recht an, mir vorzuschreiben, wie ich mich zu fühlen habe? Die Leute sollten vor ihrer eigenen Türe kehren. Wie heißt es so schön: Derjenige, der keine Scheiße am Schuh hat, darf den ersten Schritt auf dem weißen Teppich wagen. Ich lasse mich ebensowenig verarschen, wie es in meinem Interesse liegt, andere zu verarschen.«

Anfang Februar 1994 begannen endlich die Dreharbeiten zu *Boys on the Side*, jenem Film des legendären Regisseurs Herbert Ross, der in fast 30 Jahren Filme wie *Die Eule und das Kätzchen*, *Foot-*

loose und *Magnolien aus Stahl* drehte. Whoopi spielt die lesbische Sängerin Jane DeLuca, die sich mit der HIV-positiven Sängerin Robin anfreundet. »Es geht darum, wie weit sich unsere Gesellschaft inzwischen bereits geändert und inwieweit sich das damit verbundene Wertesystem für den einzelnen gewandelt hat«, erklärte Ross im Vorfeld dieser »Komödie über ernste Dinge«. »Es geht auch um Familien, dort, wo die konventionelle Familie versagt hat.« In den weiteren Hauptrollen dieses Films agieren Mary-Louise Parker und Drew Barrymore. Da dieser Film praktisch »politisch korrekt« ist im soeben beschriebenen Sinne, erklärte Whoopi, daß sie diesen Film nicht etwa aus sozialem Bewußtsein heraus drehe. »Wissen Sie, ich muß ein Drehbuch mögen. Ich versuche in solche Scripts nicht zuviel soziale Botschaft hineinzuinterpretieren. Ich mochte einfach die Idee. Kann man mir das nicht glauben? Muß ich immer die Wohltäterin der Menschheit sein?«

Ende 1994 sollen die Dreharbeiten zu einem weiteren Whoopi-Projekt mit dem vielsagenden Titel *T. Rex* (Tyrannosaurus Rex) anlaufen. Das Komödien-Drehbuch sieht eine Polizistin vor, die den ungewöhnlichsten Partner der Welt hat, nämlich einen Tyrannosaurus Rex. Die Klatschautoren in Hollywood kolportierten, Whoopi habe dem Produzenten ihre Mitwirkung in einem Vorvertrag zugesagt, sich später aber von dem Projekt distanziert. Nachdem dieser Produzent ihr eine Klage androhte, wie sie Kim Basinger in Sachen *Boxing Helena* über sich hatte ergehen lassen müssen, soll Whoopi sich bereit erklärt haben, das Projekt doch zu übernehmen – allerdings zu ihren derzeitigen Gagen, und die lägen inzwischen bei über acht Millionen Dollar Garantiesumme. Man wird sehen, ob den Produzenten ihre Mitwirkung soviel wert ist!

Keine Frage, Whoopi Goldberg wird auch weiterhin Filme machen, die ihr in den Augen mancher Menschen als Fehler angelastet werden. Dem sieht sie mit äußerster Gelassenheit entgegen: »Ich denke nicht in der Kategorie von Fehlern. Ich mache Dinge dann nicht, wenn es mir nicht die richtige Zeit scheint oder ich mich damit überfordert fühlen würde. Und ich werde mir niemals von irgendwem da draußen sagen lassen, wo meine Grenzen sind. Menschen sollten andere Menschen immer dazu ermuntern, die Mondlandung zu wagen!«

Sie ist klug genug zu erkennen, daß sie in Hollywood nicht der erste Star wäre, dessen Karriere traurig endet: »Ach wissen Sie, meiner Sache sicher sein werde ich mit keinem Film. Was ist denn, wenn plötzlich einer oder zwei meiner großen Filme total abstürzen? Dann brechen wieder die Zeiten von Nebenrollen an. In Hollywood ist man immer nur so kostbar wie sein letztes Einspielergebnis. Aber ich habe noch eine Menge vor.«

Die Darstellerkarriere von Whoopi Goldberg hat ihren Zenit noch lange nicht überschritten. Solange sie unabhängig bleibt und sich auf kein Rollenschema festnageln läßt, ist die Gefahr, daß sie uns in Zukunft weniger Freude machen könnte, gering. Solange sie ihren Beruf als Spielzeug begreift und ihr soziales Engagement als ihre eigentliche Aufgabe, wird das so bleiben: »Schon als Kind habe ich stundenlang der elektrischen Eisenbahn zugeschaut und mir vorgestellt, daß ich durch die ganze Welt fahren würde. Und ich hatte das Glück, daß ich all diese Phantasien in die Erwachsenenwelt hinüberretten konnte. Was ich mache, wird niemals zum bloßen Job. Mein Leben wird immer eine Phantasie und ein Traum sein.«

ZEITTAFEL

1949 Geburt in New York als Caryn Johnson
1957 Erste Auftritte im »Hudson Guild Theatre«
1968 Kleine Rolle in *Hair* am Broadway
1969 Kleine Rolle in *Jesus Christ Superstar* am Broadway
1974 Kleine Bühnenrollen in *Mutter Courage* und *Getting Out*
Geburt der Tochter Alexandra
Mitbegründerin des »San Diego Repertory Theatre«
1984 Bühnenshow: *Moms*
Bühnenshow: *The Spook Show* (One-Woman-Show)
TV-Show: *The Spook-Show*
1985 Kinofilm: *Die Farbe Lila*
1986 Golden Globe für »Beste Schauspielerin« in *Die Farbe Lila*
Grammy für die Schallplatte »Whoopi Goldberg am Broadway«
Oscar-Nominierung für: *Die Farbe Lila*
Kinofilm: *Jumpin' Jack Flash*

TV-Serie: *Moonlighting – Das Model und der Schnüffler* (Gastauftritt)

TV-Special: *Scared Straight: Ten Years Later*

1987 Kinofilm: *Die diebische Elster*

TV-Special: *Carol, Robin, Whoopi and Carl*

Kinofilm: *Fatal Beauty*

Kinofilm: *Telefon-Terror*

TV-Auftritt: *Comic Relief* (von da an jedes Jahr)

TV-Auftritt: *Vote '88*

TV-Auftritt: *Funny, You Don't Look 200*

TV-Serie: *Tales From the Crypt* (Gastauftritt)

1988 Bühnentour: *Living on the Edge of Chaos*

Kinofilm: *Claras Geheimnis*

TV-Show: *Fontaine ... Why Am I Straight?* (HBO-Comedy-Hour)

Schallplatte: *... Fontaine ... Why Am I Straight?* (Grammy-Nomination)

1989 Kinofilm: *Homer und Eddie*

TV-Serie: *Star Trek – The Next Generation*

TV-Film: *Kiss Shot*

TV-Show: *Tales From the Whoop*

TV-Serie: *Captain Planet and the Planeteers* (nur Stimme)

Preis der »Starlight Foundation« für ihr soziales Engagement

CBS-TV-Kinofilm: *My Part Is My Own* (Emmy-Nomination)

1990 Kinofilm: *The Long Walk Home*

Whoopi wird Großmutter, Tochter Alexandra

erhält Nachwuchs
TV-Auftritt: *Comic Relief*
Kinofilm: *Ghost – Nachricht von Sam*
TV-Serie: *Bagdad Café*
HBO-Special: *Whoopi Goldberg Presents Billy Connolly*
TV-Serie: *Star Trek – The Next Generation* (2. Saison)

1991 Kinofilm: *Lieblingsfeinde – Eine Seifenoper*
Oscar für »Beste Nebenrolle« in *Ghost – Nachricht von Sam*

1992 Kinofilm: *The Player*
Theatertournee: *Love Letters*
TV-Auftritt: Grammy-Präsentation
Whoopi trifft Nelson Mandela
Whoopi setzt sich für den Demokraten Bill Clinton ein
Kinofilm: *Sister Act – Eine himmlische Karriere*
Kinofilm: *Sarafina!*
Whoopi-Goldberg-Show

1993 Kinofilm: *Made in America*
Kinofilm: *Naked in New York*

1994 Kinofilm: *Sister Act II*
Kinofilm: *The Lion King*
Kinofilm: *Corrina, Corrina*
Kinofilm: *Boys on the Side*
Moderatorin der Oscar-Verleihung

ALLE KINOFILME AUF EINEN BLICK

Jahr	Filme	Regisseur
1985	Die Farbe Lila	Steven Spielberg
1986	Jumpin' Jack Flash	Penny Marshall
1987	Die diebische Elster	Hugh Wilson
	Fatal Beauty	Tom Holland
	Telefon-Terror	Rip Torn
1988	Claras Geheimnis	Robert Mulligan
1989	Homer und Eddie	Andrej Konchalovski
1990	The Long Walk Home	Richard Pearce
	Ghost – Nachricht von Sam	Jerry Zucker
1991	Lieblingsfeinde – Eine Seifenoper	Michael Hoffman
1992	The Player	Robert Altman
	Sister Act – Eine himmlische Karriere	Emile Ardolino
	Sarafina!	Darrell James Roodt
1993	Made in America	Richard Benjamin
	Naked in New York	Daniel Algrant
1994	Sister Act II	Bill Duke
	The Lion King	Roger Allers

	Corrina, Corrina	Jessie Nelson
	Boys on the Side	Herbert Ross
1994	Moonlight and Valentino	David Anspaugh
1994/ 1995	T. Rex	...

STAB- UND BESETZUNGSLISTEN DER KINOFILME

Die Farbe Lila
Originaltitel: The Color Purple
Herstellungsjahr: 1985

Regie . . . . Steven Spielberg
Produzent . . . . Steven Spielberg
                                       Kathleen Kennedy
                                       Frank Marshall
Drehbuch . . . . Menno Meyjes
nach dem Roman von . . . . . Alice Walker
Kamera . . . . Allen Daviau

Besetzung:
Celie . . . . Whoopi Goldberg
Shug . . . . Margaret Avery
Mister . . . . Danny Glover
Sofia . . . . Oprah Winfrey
Squeak . . . . ; . . . Rae Dawn Chong

Jumpin' Jack Flash

Originaltitel: Jumpin' Jack Flash
Herstellungsjahr: 1986

Regie . . . . Penny Marshall
Produzent . . . . Lawrence Gordon
                                      Joel Silver
Drehbuch . . . . David H. Franzoni et. al.
Kamera . . . . Matthew F. Leonetti

Besetzung:
Terry Doolittle . . . . Whoopi Goldberg
Marty Phillips . . . . Stephen Collins
Jeremy Talbot . . . . John Wood
Liz Carlson . . . . Annie Potts
Cynthia . . . . Carol Kane
Monteur . . . . Jim Belushi

Die diebische Elster

Originaltitel: Burglar
Herstellungsjahr: 1987

Regie . . . . Hugh Wilson
Produzent . . . . Kevin McCormick
                                      Michael Hirsh
Drehbuch . . . . Joseph Loeb III.
                                      Matthew Weisman
                                      Hugh Wilson
Kamera . . . . William A. Fraker

Besetzung:
Bernie Rhodenbarr . . . . Whoopi Goldberg
Carl Hefler . . . . Bob Goldthwait
Ray Krischman . . . . G. W. Bailey
Dr. Cynthia Sheldrake . . . . Lesley Ann Warren

Fatal Beauty
Originaltitel: Fatal Beauty
Herstellungsjahr: 1987

Regie . . . . Tom Holland
Produzent . . . . Leonard Kroll
Drehbuch . . . . Hilary Henkin
                                     Dean Riesner
Kamera . . . . David M. Walsh

Besetzung:
Rita Rizzoli . . . . Whoopi Goldberg
Mike Marshak . . . . Sam Elliott
Carl Jimenez . . . . Ruben Blades
Conrad Kroll . . . . Harris Yulin

Telefon-Terror
Originaltitel: The Telephone
Herstellungsjahr: 1987

Regie . . . . Rip Torn
Produzent . . . . Robert Katz

```
                              Moctesuma Esparza
Drehbuch . . . . . . . . . . . . . . Harry Nilsson
                              Terry Southern
Kamera  . . . . . . . . . . . . . . David Claessen

Besetzung:
Vashti Blue  . . . . . . . . . . . . Whoopi Goldberg
Max  . . . . . . . . . . . . . . . . Severn Darden
Honey Boxe . . . . . . . . . . . Amy Wright
Rodney . . . . . . . . . . . . . . . Elliott Gould
```

Claras Geheimnis
Originaltitel: Clara's Heart
Herstellungsjahr: 1988

```
Regie  . . . . . . . . . . . . . . . . Robert Mulligan
Produzent  . . . . . . . . . . . . Martin Elfand
Drehbuch . . . . . . . . . . . . . Mark Medoff
nach dem Roman von . . . . . Joseph Olshan
Kamera  . . . . . . . . . . . . . . Freddie Francis

Besetzung:
Clara Mayfield  . . . . . . . . . . Whoopi Goldberg
Bill Hart . . . . . . . . . . . . . . . Michael Ontkean
Leona Hart  . . . . . . . . . . . . Kathleen Quinlan
David Hart . . . . . . . . . . . . . Neil Patrick Harris
```

Homer und Eddie

Originaltitel: Homer and Eddie
Herstellungsjahr: 1989

Regie . . . . Andrej Konchalovski
Produzent . . . . Moitz Borman
                                James Cady
Drehbuch . . . . Patrick Cirillo
Kamera . . . . Lajos Koltai

Besetzung:
Homer . . . . James Belushi
Eddie . . . . Whoopi Goldberg
Edna . . . . Anne Ramsey
Belle . . . . Karen Black

The Long Walk Home

Originaltitel: The Long Walk Home
Herstellungsjahr: 1990

Regie . . . . Richard Pearce
Produzent . . . . Howard W. Koch jr.
                                Dave Bell
Drehbuch . . . . John Cork
Kamera . . . . Roger Deakins

Besetzung:
Miriam Thompson . . . . Sissy Spacek
Odessa Cotter . . . . Whoopi Goldberg

Norman Thompson . . . . Dwight Schulz
Herbert Cotter . . . . Ving Rhames

Ghost – Nachricht von Sam
Originaltitel: Ghost
Herstellungsjahr: 1990

Regie . . . . Jerry Zucker
Produzent . . . . Howard W. Koch
                              Lisa Weinstein
Drehbuch . . . . Bruce Joel Rubin
Kamera . . . . Adam Greenberg

Besetzung:
Sam Wheat . . . . Patrick Swayze
Molly Jensen . . . . Demi Moore
Oda Mae Brown. . . . . Whoopi Goldberg
Carl Bruner . . . . Tony Goldwyn
Willy Lopez . . . . Rick Aviles

Lieblingsfeinde – Eine Seifenoper
Originaltitel: Soapdish
Herstellungsjahr: 1991

Regie . . . . Michael Hoffman
Produzent . . . . Alan Greisman
Drehbuch . . . . Andrew Bergman
nach dem Theaterstück von Robert Harling
Kamera . . . . Ueli Steiger

Besetzung:
Celeste Talbert . . . . Sally Field
Jeffrey Anderson . . . . Kevin Kline
David Barnes . . . . Robert Downey jr.
Montana Moorehead . . . . . Kathy Moriarty
Rose Schwartz . . . . Whoopi Goldberg
Betsy Faye Sharon . . . . Carrie Fisher
Lori Craven . . . . Elisabeth Shue

The Player
Originaltitel: The Player
Herstellungsjahr: 1992

Regie . . . . Robert Altman
Produzent . . . . David Brown
                                    Michael Tolkin
                                    Nick Wechsler
Drehbuch . . . . Michael Tolkin
Kamera . . . . Jean Lepine

Besetzung:
Detective Avery . . . . Whoopi Goldberg
Griffin Mill . . . . Tim Robbins
June Gudmundsdottir . . . . Greta Scacchi
Walter Stuckel . . . . Fred Ward

Sister Act – Eine himmlische Karriere
Originaltitel: Sister Act
Herstellungsjahr: 1992

Regie	Emile Ardolino
Produzent	Teri Schwartz
Drehbuch	Joseph Howard
	(Paul Rudnick)
Kamera	Adam Greenberg

Besetzung:
Deloris, Schwester Mary Clarence	Whoopi Goldberg
Mutter Oberin	Maggie Smith
Schwester Mary Patrick	Kathy Najimy
Schwester Mary Robert	Wendy Makkena
Schwester Mary Lazarus	Mary Wickes
Vince LaRocca	Harvey Keitel

Sarafina!
Originaltitel: Sarafina
Herstellungsjahr: 1992

Regie	Darrell James Roodt
Produzent	Anant Singh
Drehbuch	William Nicholson
	Mbongeni Ngema
Kamera	Mark Vicente

Besetzung:
Sarafina . . . . Leleti Khumalo
Mary Masembuko . . . . Whoopi Goldberg
Angelina . . . . Miriam Makeba

Made in America
Originaltitel: Made in America
Herstellungsjahr: 1993

Regie . . . . Richard Benjamin
Produzent . . . . Arnon Milchan
                                        Michael Douglas
                                        Rick Bieber
Drehbuch . . . . Holly Goldberg Sloan
Kamera . . . . Ralf Bode

Besetzung:
Sarah Matthews . . . . Whoopi Goldberg
Hal Jackson . . . . Ted Danson
Teacake Walters . . . . Will Smith
Zora Matthews . . . . Nia Long
Jose . . . . Paul Rodriguez
Stacy . . . . Jennifer Tilly

Sister Act II
Originaltitel: Sister Act II
Herstellungsjahr: 1994

Regie . . . . Bill Duke
Produzent . . . . Scott Rudin
                                     Dawn Steel
Drehbuch . . . . James Orr
                                     Jim Cruickshank

Besetzung:
Deloris,
Schwester Mary Clarence . Whoopi Goldberg
Mutter Oberin . . . . Maggie Smith
Schwester Mary Patrick . . . Kathy Najimy
Schwester Mary Robert . . . Wendy Makkena
Schwester Mary Lazarus . . Mary Wickes
Crisp . . . . James Coburn
Pater Wolfgang . . . . Thomas Gottschalk

Naked in New York
Originaltitel: Naked in New York
Herstellungsjahr: 1993

Regie . . . . Daniel Algrant
Produzent . . . . Martin Scorsese
Drehbuch . . . . Daniel Algrant

Besetzung:
Jake . . . . Eric Stoltz
Joanne . . . . Mary-Louise Parker
Whoopi Goldberg in einer Nebenrolle

The Lion King
Originaltitel: The Lion King
Herstellungsjahr: 1994

Regie . . . . Roger Allers

mit der Stimme von Whoopi Goldberg

Corrina, Corrina
Originaltitel: Corrina, Corrina
Herstellungsjahr: 1994

Regie . . . . Jessie Nelson
Produzent . . . . Steve Tisch
                                    Paula Mazur
Drehbuch . . . . Jessie Nelson

Besetzung:
Corrina . . . . Whoopi Goldberg
Manny . . . . Ray Liotta
Molly . . . . Tina Majorino
und Don Ameche, Jennifer Lewis, Joan Cusack

Boys on the Side
Originaltitel: Boys on the Side
Herstellungsjahr: 1994

Regie . . . . Herbert Ross

Produzent . . . . Arnon Milchan
Drehbuch . . . . Don Ruth

Besetzung:
Jane DeLuca . . . . Whoopi Goldberg
Robin . . . . Mary-Louise Parker
Holly . . . . Drew Barrymore

Moonlight and Valentino
Herstellungsjahr: 1994

Regie . . . . David Anspaugh
Produzent . . . . Alison Owen et. al.
Drehbuch . . . . Ellen Simon

Besetzung:
Elizabeth Perkins, Whoopi Goldberg, Kathleen
Turner

T. Rex
Originaltitel: T. Rex
Herstellungsjahr: 1994/95

Besetzung:
Whoopi Goldberg

BIBLIOGRAPHIE

Bishop, Katherine; W. G. Role; From Sidekick to Star; N. Y. Times 26.8.86

Cagle, Jess; Whoopi Goldberg; Entertainment Weekly 1/93

Collins, Glenn; The Color Purple; N. Y. Times 15.12.85

Dawson, Jeff; Making Whoopi; Empire 12/92

Ebert, Roger; Let Whoopi Be Whoopi; Movieline 10.4.87

Erickson, Steve; Whoopi Goldberg; Rolling Stone 5/86

Goldstein, William; Alice Walker on the Set ...; Publishers Weekly 6.9.85

Honeycutt, Kirk; Director Leaves Laughs Behind ...; L. A. Times 13.7.90

Kearney, Jill; Color Her Anything; American Film 12/85

Litsch, Joseph; Who is Whoopi Goldberg ... ?; Movieline 12/83

Modine, Matthew; Goldberg; Interview 6/92

Myers, Caren; Spirit Level; time out 10/90

Rensin, David; Whoopi Goldberg; U. S. 10/92
Shapiro, Mark; Fantasy Medium; Starlog 11/90
Skow, John; The Joy of Being Whoopi; Time 9/92
Stuart, Andrea; Making Whoopi; Sight and Sound; 2/93
Tucker, Ken; Making »Whoopi«; Entertainment Weekly 9.1.92
Wallace, Michael; Blues For Mr. Spielberg; Village Voice 18.3.86
West, Carinthia; Whoopi!; U. S. 13.1.86
Wilkerson, Isabel; Staying Cool At Whoopis Talkshow; N. Y. Times 29.11.92
Williams, Delores S.; Examining Two Shades of »Purple«; L. A. Times 15.3.86

Diese Bibliographie enthält nur eine Auswahl grundlegender Artikel über bzw. Interviews mit Whoopi Goldberg. Weiterhin wurden ausgewertet: Filmbesprechungen und -kritiken in folgenden Zeitschriften: Variety, Hollywood Reporter, New York Times, Los Angeles Times, Los Angeles Herald Examiner, cinema, das cinema-Film-Lexikon, Stern, die Presse-Informationshefte zu den Filmen Whoopi Goldbergs.

LISTE DER EINRICHTUNGEN, DIE WHOOPI GOLDBERG UNTERSTÜTZT

(Diese Liste ist nicht vollständig – Whoopi Goldberg nimmt sehr häufig an Veranstaltungen wie z. B. Auktionen für karitative, gemeinnützige oder minderheitenunterstützende Zwecke teil.)

- Ad Marketing Council
- AIDS: Everything You Should Know (Dokumentarfilmreihe)
- American Cinematheque
- American Foundation for AIDS Research
- American Institute for Cancer Research (Institut für Krebsforschung)
- Amnesty International
- Arts School, San Francisco
- Big Sister League, San Diego
- Black Entertainment Television
- C. A. R. E.
- California Council for Veteran Affairs (Rat für Kriegsveteranen)
- California Democratic Victory Fund
- Children of the Night

- Citizens for Safer Beaches, Malibu
- Color Purple Education Fund Foundation
- Comic Relief
- Community for Creative Non-Violence (Gemeinschaft für kreative Nicht-Gewalt)
- Cousteau Society
- Downtown Health Services, San Diego
- Downward Pacific (Rancho Seco Nuclear Plant, California)
- Empowerment Project (Ökumenischer Rat von Südkalifornien)
- Greenpeace
- Hollywood Women's Political Committee
- House of Ruth, Washington, D. C.
- Hurricane Andrew Victims
- James Maness Memorial AIDS Foundation, Maui
- KQED, San Francisco
- Lambda League for Defense and Education Fund
- Learning Disabilities Foundation
- Liberty Hill Foundation
- Lionel Hamptons Jazz Institute
- Little Innocent Victims of the World Foundation (Stiftung für Kinder)
- Los Angeles Committee for Literacy (Komitee für das Lesen)
- Los Angeles Theatre Works
- Make-A-Wish Foundation
- Martin Luther King, Jr. Center, Atlanta
- Mt. Moriah Baptist Church, New York
- Muscular Dystrophy Association

- Names Project
- National Abortion Rights Action League (Liga für das Recht zur Abtreibung)
- National Heart Research (Herzforschung)
- National Repertory Theatre Foundation
- Northern Lights Alternative
- Nuclear Information & Resource Service, D. C.
- Ray Children Trust Fund, Arcadia
- Retinitis Pigmentosa International
- San Diego Repertory Theatre
- San Francisco AIDS Foundation (AIDS-Stiftung)
- San Francisco Zoological Society
- Sandy Meyer Center, Virginia
- Save the Children (Rettet die Kinder)
- Save the Theatres (Rettet das Theater)
- School of American Ballet
- Share, Inc.
- St. Josephs Indian School, South Dakota
- Starlight Foundation
- State of New York Health Department
- The Actors Studio
- United Friends of Children
- Welthungerjahr
- Westside Childrens Center
- Windstar Foundation (von John Denver gegründet)
- You Can Do Something About AIDS (Buch)
- Youth Suicide Prevention Program (Programm zur Vorbeugung gegen Selbstmorde Jugendlicher)

Autogrammadresse

Whoopi Goldberg

9830 Wilshire Blvd.
Los Angeles,
CA 900212
USA

Band 61280

Willy Loderhose
Clint Eastwood

Clint Eastwood verdient seit fast 30 Jahren sein Geld mit Schweigen: Zuerst spielte er in den Sergio-Leone-Western. Berühmt und reich wurde er dann durch seine Dirty-Harry-Filme, in denen er nach dem Motto handelte: erst schießen, dann reden. Sein Meisterwerk, der Spät-Western Erbarmungslos, erhielt Anfang 1993 vier Oskars.
Mit großer Detailkenntnis schildert Willy Loderhose Eastwoods Stationen vom Lastwagenfahrer und Feuerwehrmann zum erfolgreichen Schauspieler und Bürgermeister von Carmel.

Mit zahlreichen Abbildungen

Band 61266

Nick Young
Mel Gibson

Weltweit bekannt geworden ist Mel Gibson durch die Mad-Max-Filme, aber die größten Erfolge errang er als Drogen-fahnder Martin Riggs, einem der »Zwei stahlharten Profis« aus der Lethal-Weapon-Serie.

Doch Mel Gibson hat viele Gesichter: Er spielt nicht nur knallharte Action-Rollen, auch in komischen Filmen wie »Ein Vogel auf dem Drahtseil«, spannenden Thrillern wie »Tequila Sunrise« und ernsten Werken wie dem Anti-Kriegs-Epos »Gallipoli« überzeugte er. Er läßt sich nicht auf ein bestimmtes Genre festlegen, und gerade diese Vielsei-tigkeit ist das Geheimnis seines Erfolges. Doch was ist das für ein Mann, dessen Charme, Ausstrahlung und Aussehen ihn zum »größten Sexsymbol Amerikas« werden ließ?

Mit zahlreichen Abbildungen